纪念钱伟长诞辰110周年丛书

成旦红　刘昌胜　主编

钱伟长学术思想、科学精神及其影响

陈　然　著　戴世强　审订

上海大学出版社

·上海·

图书在版编目(CIP)数据

钱伟长学术思想、科学精神及其影响/陈然著.—上海:上海大学出版社,2023.9
(纪念钱伟长诞辰110周年丛书)
ISBN 978-7-5671-4802-4

Ⅰ.①钱… Ⅱ.①陈… Ⅲ.①钱伟长(1912-2010)—生平事迹 Ⅳ.①K826.11

中国国家版本馆CIP数据核字(2023)第165623号

责任编辑　傅玉芳
封面设计　柯国富
技术编辑　金　鑫　钱宇坤

钱伟长学术思想、科学精神及其影响

陈　然　著　戴世强　审订
上海大学出版社出版发行
(上海市上大路99号　邮政编码200444)
(https://www.shupress.cn　发行热线021-66135112)
出版人　戴骏豪

*

南京展望文化发展有限公司排版
江阴市机关印刷服务有限公司印刷　各地新华书店经销
开本710 mm×1000 mm　1/16　印张13.5　字数181千
2023年10月第1版　2023年10月第1次印刷
ISBN 978-7-5671-4802-4/K·279　定价　68.00元

版权所有　侵权必究
如发现本书有印装质量问题请与印刷厂质量科联系
联系电话: 0510-86688678

总 序

成旦红　刘昌胜

钱伟长先生是我国近代力学奠基人之一，著名的科学家、教育家、社会活动家，上海大学"永远的校长"。

1913年，钱伟长先生出生于江苏无锡一个诗书家庭。在国学大师、四叔钱穆的教导下，18岁的他以优异的中文和历史成绩考入清华大学中文系。入学后不久，九一八事变爆发，他决定舍文从理，学造飞机大炮以报效祖国。他先后在清华大学、加拿大多伦多大学、美国加利福尼亚理工学院喷射推进研究所进行学习和研究，攻克了多个世界性难题，成为蜚声中外的固体力学和流体力学大师。

钱伟长先生的成长受益于中外最优秀的思想文化。钱穆、吕叔湘、杨荫浏、叶企孙、顾颉刚、吴有训、马约翰、辛格、爱因斯坦、英费尔德、冯·卡门这些在20世纪熠熠生辉的名字都与他的成长联系在一起。在与世界顶尖人才的交往学习和中外精粹文化的共同熏陶下，钱伟长先生很早就形成了深刻而独特的思想。他的身上汇聚着传统的坚忍、仁爱与责任感以及现代化的开放、平等与创新特质，这些贯穿了他的科学研究、办学思想、社会活动等方方面面。

一生之中，钱伟长先生始终把个人的命运与国家、民族的命运联系在一起。他满怀深情地说："回顾我这一辈子，归根到底，我是一个爱国者。"

在国家的危难时刻,已经声名远扬的他放弃国外优越的生活条件,冲破阻力只身回国,承担起科学救国的重任;在社会快速发展的年代,他认为教育是国家和民族发展的基础,投身教育振兴,始终坚定地站在科学教育的前沿,在教育和教学实践中汲取中西文化之长,积极探索符合中国国情的教育理论,并尽其所能付诸实践。他的丰满人生、科学精神、爱国情怀永远被大家铭记!

大任于斯,伟业流长。钱伟长先生的一生,从义理到物理,从固体到流体,顺逆交替,委屈不曲,荣辱数变,老而弥坚。他的名言"我没有专业,国家需要就是我的专业"永远激励一批又一批后学晚辈以此为人生信条,为国家和民族的振兴而奋发有为。通过终身的学习奋斗和不辍的研究探索,钱伟长先生获得了丰富的科研及学术成就,形成了深刻而独特的教育思想和学术思想,留下了无数动人心弦的故事,这一切不仅是上海大学的宝贵财富,也是上海人民乃至全国人民的财富。我们研究钱伟长先生,要研究他所处的时代,研究他不平凡的经历,更要面向未来,以钱伟长先生之思想,为无数来者指明前行的方向。

在纪念钱伟长诞辰110周年之际,学校推出"纪念钱伟长诞辰110周年丛书",包括《钱伟长治学理念与教育思想》《钱伟长与上海大学》《钱伟长学术思想、科学精神及其影响》《钱伟长家世、家庭、家教和家风》《钱伟长爱国主义教育思想》《和钱伟长一起成长》六种。通过对钱伟长先生的生平经历和思想理念进行细致全面的梳理和研究,我们才能深入了解钱伟长先生的深邃思想和传奇人生,我们才能真正理解他的理念和实践,继承和发扬他所开创的事业,在他的热爱国家、情系人民的崇高品德和刻苦钻研、勇于创新的科学精神感召下,以饱满的热情为实现中华民族伟大复兴贡献力量!

目　录

第一章　绪论 / 1
　第一节　钱伟长研究的意义与研究综述 / 5
　　一、钱伟长研究的意义 / 5
　　二、钱伟长研究综述 / 6
　第二节　科学精神的研究综述 / 11
　　一、科学精神的内涵和特征 / 11
　　二、科学精神的价值 / 13
　　三、中外学者对科学精神的研究 / 14
　第三节　钱伟长学术思想、科学精神的构成及本书的研究方法 / 25
　　一、钱伟长学术思想、科学精神的构成 / 25
　　二、本书的研究方法 / 26

第二章　钱伟长学术成就和科学精神的根基 / 27
　第一节　钱伟长的学术成就 / 29
　　一、奇异摄动理论 / 32
　　二、环壳理论及其应用 / 34
　　三、其他方面的学术成就 / 36

第二节　钱伟长科学精神的根基——科学报国、强国富民的爱国胸怀 / 38
　　一、立志科学救国 / 40
　　二、为爱国留学，归国为报国 / 44
　　三、与师生谈爱国——先忧后乐 / 46

第三章　钱伟长勇于开拓的创新精神 / 49

第一节　板壳内禀理论研究及博士论文中的创新 / 51
　　一、板壳内禀理论研究 / 52
　　二、博士论文中的创新 / 56

第二节　两个主要学术创新——圆薄板大挠度问题、广义变分原理 / 58
　　一、圆薄板大挠度问题 / 58
　　二、广义变分原理及其在有限元计算中的应用 / 61

第三节　发展我国力学事业中的创举 / 66
　　一、创建力学研究室，参与创办北大力学系、中国科学院力学所、清华大学力学研究班 / 67
　　二、理性力学与力学中的数学方法专业委员会的成立及其学术活动 / 70
　　三、筹办理性力学讲习班和相关专题会议 / 72
　　四、两个著名的系列学术会议的诞生 / 73

第四节　理念上的创新——钱伟长的创新观 / 79
　　一、创新要有科学性 / 79
　　二、创新源于新问题的发现 / 80

第五节　科研选题方法的创新 / 83
　　一、研究社会急需解决的问题——"国家的需要就是我的专业" / 83
　　二、选择具有创造性的问题 / 86

第四章 钱伟长知行合一的奉献精神 / 89

第一节 钱伟长与上海大学 / 93
一、事必躬亲,践行教育理念 / 94
二、爱校爱生,事事亲力亲为 / 97

第二节 钱伟长与上海市应用数学和力学研究所 / 101
一、建所背景和历程 / 102
二、建所方略和实践 / 103
三、成功之道:良好的研究环境和学术氛围 / 108

第三节 钱伟长与《应用数学和力学》杂志 / 110
一、从无到有,艰难创刊 / 110
二、屡开先河,快速发展 / 112
三、影响渐广,与时俱进 / 113

第五章 钱伟长探索真理的求实精神 / 117

第一节 参与制定中国科技史上的第一个规划 / 120
一、党中央发出"向科学进军"的号召 / 120
二、被选派参加制定"12年科学规划" / 121

第二节 求学治学恪守求真务实 / 125
一、谈作弊——杜绝作弊要从端正教育思想入手 / 125
二、反对在科研工作中弄虚作假 / 127
三、科学不能无中生有,要亲身实践,贵在务实 / 129

第三节 不迷信权威,坚持科学发展 / 132
一、敢于追求科学的真理 / 132
二、坚持"百家争鸣"的科学发展 / 134

第四节 谈如何提高科学技术水平 / 136
一、要合理开发利用具有我国特点的物质资源 / 137
二、要大力培养能够独立领导科学研究的人才 / 138

第六章　钱伟长科学精神的溯源及影响 / 139
第一节　钱伟长科学精神的渊源 / 141
一、博古通今，学贯中西，文理交融 / 142
二、继承和发扬哥廷根应用力学学派风格 / 149
第二节　钱伟长科学精神的影响 / 157
一、科教兴中华，奔走为苍生 / 158
二、倡导基础研究与应用开发必须宏观综合平衡 / 171
三、强调系统工程在科学发展中的重要作用 / 174
四、致力地区发展战略和区域规划 / 177

第七章　钱伟长科学精神的不懈坚持与可贵之处 / 181
第一节　钱伟长科学精神的不懈坚持 / 183
一、50年代的清华之辩——历史给出了答案 / 183
二、钱伟长的坚持与改变 / 191
第二节　钱伟长科学精神的可贵之处 / 197
一、身处逆境不忘报国 / 197
二、深切体会钱伟长一生奋斗的可贵 / 199

附录　钱伟长对我国力学事业的贡献　武际可 / 203

后记 / 207

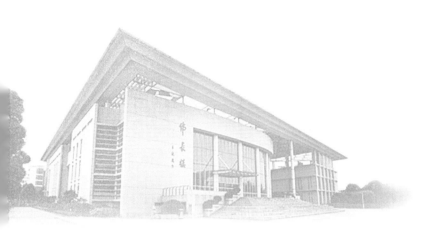

第一章 绪论

钱伟长是我国近代力学事业奠基人之一[①]，著名的科学家、教育家、杰出的社会活动家，1913年10月9日生于江苏无锡，2010年7月30日在上海逝世，享年98岁。

一位科学大师溘然长逝，使得在我国科学界享有盛誉的"三钱"成为绝唱，在社会上引起了较大的反响。各界人士在表达哀悼的同时，都在思考一个问题：如何学习、传承和铭记钱伟长先生及其留给世人的精神宝藏？

钱伟长先生对我国的科学教育事业，特别是力学和应用数学的教育和发展做出了重大的贡献。他不仅自己在一些重要方向上取得了引人注目的成果，而且在教育方面卓有成效，为我国培养了一大批杰出人才，其中不少人后来成为我国科学界的中坚力量。

民盟中央主席蒋树声说："纵观钱老传奇的一生，他真正做到了'立德'、'立功'和'立言'。他以科学和教育为重点，努力振兴中华，为苍生百姓，努力奔走。"钱伟长先生自己说："我没有专业，国家需要就是我的专业；我从不考虑自己的得与失，祖国和人民的忧就是我的忧，祖国和人民

[①] 我国力学界公认，钱学森、周培源、钱伟长和郭永怀是我国近代力学事业的奠基人。

的乐就是我的乐。"①

钱伟长的一生是爱国的一生,奋斗的一生,奉献的一生。他对国家和人民无限忠诚,对建设中国特色社会主义事业充满信心。他为中华民族的伟大复兴殚精竭虑、不懈奋斗,深受人们的尊敬和爱戴。他的高尚人格和无私奉献的品质、独树一帜的科学精神永远值得我们学习。

---

① 蒲春生:《科学精神与科学研究方法》,中国石油大学出版社2018年版,第73—79页。

第一节　钱伟长研究的意义与研究综述

一、钱伟长研究的意义

爱因斯坦说过：做科学研究的人有三种类型，一种类型是喜好，就是爱好做学问；另一种是把科学作为谋生手段；还有最后一种就是立志于献身科学，全身心地投入科学事业。无论从哪个角度评价，钱伟长无疑是一个彻底的学者，一位为了国家和民族的富强而毫无保留地投身科学事业的科学家。钱伟长先生深远的学术思想精髓、丰硕的科研成果、独特的人格魅力，是我们后辈取之不尽的宝贵财富。

钱伟长曲折坎坷而又熠熠生辉的一生，正处于世界大变革的时代、中华民族开始伟大复兴的时代。钱伟长不仅是这个时代的重大事件的见证人，还是中华民族复兴伟大事业的活跃参与者。在这一过程中，他为我们贡献出力学、应用数学、中文信息等多方面的杰出智慧和研究成果。他的学术思想，已经在很大程度上转换成科学研究领域的具体实践。他的教育理念、科学精神和科学方法，正在被越来越多的智者所接受。

2021年9月27日至28日，中央人才工作会议在北京召开，习近平总书记在会议上强调："广大人才要继承和发扬老一辈科学家胸怀祖国、服务人民的优秀品质，心怀'国之大者'，为国分忧、为国解难、为国尽责。"如今，钱伟长先生已离我们而去，希望通过此书，我们可以再一次了解到这位科学大师的人生和学术成就，领略他以高度的爱国情怀和强烈的社会责任感为科学事业、教育事业进行实践的风采，使得钱伟长先生的精神宝藏能有益于更多的学生后辈，并能为相关研究提供扎实的理论依据和研究思路。

二、钱伟长研究综述

1956年12月18日，钱伟长身边的青年学者叶开沅、胡海昌在《光明日报》发表了《我们的老师钱伟长先生——为什么能在百忙之中坚持科学研究》，描述了钱伟长留学回国后致力新中国力学的基础建设和发展、力学人才培养和教育事业，还做了许多有利于科学事业的繁琐的工作，特别努力为青年创造科学研究的条件，更可贵的是在担任众多职务①的繁忙之中还坚持不懈地进行科学研究，着重指出这充分体现了"钱先生对科学事业的非凡的热爱"和科学报国的可贵精神。经作者仔细考证钱伟长大事年表及相关资料，认为此文可视为研究钱伟长学术研究的开篇。

关于钱伟长的研究文章，在20世纪80年代后期又开始陆续见诸报章杂志。自《文汇月刊》1983年第2期中常青、王宗仁的《照澜院里钱伟长》始，国内开启了较为系统地研究钱伟长的历程。

（一）钱伟长的生平及教育思想研究

黄黔是钱伟长执掌上海工业大学后培养的第一个博士，他系统整理了钱伟长的生平大事记，于1985年和1990年撰写了《我的导师钱伟长教

---

① 据《我们的老师钱伟长先生——为什么能在百忙之中坚持科学研究》一文：1956年，钱伟长是清华大学的教务长，科学院力学研究所的副所长，自动化和远距离控制研究所筹委会的主任，还担任清华大学和科学院合办的力学训练班的主任，科学院的学部委员，全国人民代表大会的代表，中缅友协的副会长，全国民主青联的秘书等职务。

授》①《回忆研究生的生活琐事》②。1999年叶松庆③撰写了论文《钱伟长的科学教育思想和实践》,叶辛④在《收获》2001年第2期上发表《钱伟长,从七房桥走出来》,周哲玮和戴世强在《力学进展》2003年第1期上分别发表《教育家钱伟长》和《论钱伟长的治学理念和学术风格》,叶志明和宋少沪在《上海大学学报(社会科学版)》2006年第1期上发表《钱伟长教育思想在我校教育教学改革中的实践——浅论与时俱进的上海大学'三制'特色》等,这些著述都是与钱伟长有着共同工作和学习经历或者有亲密交往的学者做出的研究成果,内容主要涵盖钱伟长的成长经历、求学治教和社会活动等,其中也对钱伟长的学术成就、教育理念进行了初步探讨。另外,曾文彪、程勉中、黄焕初、金其桢、袁振辉、张丹华等都对钱伟长的教育思想做过相关研究。

2000年至2006年期间,上海大学出版社相继出版了钱伟长的《教育和教学问题的思考》《论教育》等著作集并启动了对钱伟长的教育思想的集中研究。2013年上海大学出版的《钱伟长文集(上下卷)》收录钱伟长从1931年到2009年近80年间的重要文章和讲话稿,共计344篇,涉及哲学、历史学、文学、自然科学、工程技术、区域经济、城市建设、管理学、中文信息学以及教育学等领域,集中反映了钱伟长对祖国的科学教育事业的真知灼见和热诚实践,对国家和民族在社会、经济、科技和文化发展等诸方面的专注和投入,其中有许多文章是他前瞻性的思考与探索的结晶。

江南大学曾于2002年钱伟长九十华诞之际发表系列文章,从不同角

---

① 黄黔:《我的导师钱伟长教授》,载《智慧之泉——"我的老师"征文选》,教育科学出版社1985年版,第31页。
② 黄黔:《回忆研究生的生活琐事》,载《工大三十年校庆征文选》,上海工业大学校刊编辑部内部发行,1990年。
③ 叶松庆:《钱伟长的科学教育思想与实践》,载《上海大学学报(社会科学版)》1999年第4期。
④ 叶辛,著名作家。全国优秀文艺工作者、首届"五一"劳动奖章获得者、中国作协和上海市作协副主席、上海市文联副主席、上海市人大常委、上海大学文学院院长、上海社科院文学研究所所长。

度对钱伟长的教育思想进行了较为系统性的研究。上海大学为庆祝钱伟长九五华诞,于2006年策划出版国内第一套系统研究钱伟长的系列丛书,力图系统而全面深入地总结钱伟长的科学思想、教育思想、科学成就和教育成就以及人生活动的主要方面。

在学位论文中,目前此类研究为数不多,参与者以上海大学的研究力量为主。戴世强教授所指导的博士生冯秀芳(我国第一位力学史与方法论博士学位获得者)撰写的《钱伟长的治学理念与教育思想》,是我国第一篇专门研究钱伟长教育思想的博士论文。该文重点研究的是钱伟长的治学尤其是他的科学教育思想问题。龙洁撰写的硕士论文《科学与人文的结合——钱伟长大学教育思想研究》,从科学主义和人文主义思潮发展史的角度分析了两种思潮对钱伟长大学教育思想的影响,研究涉及钱伟长教育思想形成的一系列背景原因,但对两种思潮对钱伟长影响的分析还需要深入探讨。陈海青撰写的硕士学位论文《钱伟长爱国主义教育思想研究》,通过对钱伟长以立场坚定、旗帜鲜明的爱国理念为核心的爱国主义教育思想进行系统梳理与解读,分析相关要素,较为深入全面地探究完整结构及结构各要素之间的内在联系,努力发掘深刻内涵及时代价值,以充分展现其完整生动的爱国主义教育思想的全貌,并探讨其对当前思想政治教育具有的借鉴意义。值得指出的是,该文对钱伟长教育思想的核心部分——爱国主义教育思想进行了较为全面的整体研究。

上海大学图书馆建立的"钱伟长数据库"正在逐步健全和完善中。这是我国目前唯一的关于钱伟长生平资料的数据库。该专题网站数据库由上海大学图书馆于2001年创建,分为大家风范、学术精粹两个主题,收集了钱伟长绝大部分的科研成果资料和他人的相关研究文章。

总体而论,目前对钱伟长教育思想已经有了比较充分的前期研究。

(二)钱伟长学术思想的研究

黄黔撰文回忆跟随钱伟长就读研究生的经历,文中初步探讨了钱伟长学术思想的特点。①

戴世强教授是钱伟长学术思想的主要研究者之一，撰写了不少相关论文，并在自己的博客中开设专题，主要从钱伟长的学术成就、治学理念、人文精神等方面进行研究。他认为钱伟长在学术思想方面，可以概括成"爱国敬业、自强不息、锐意创新、求真务实、广闻博览、群策群力"二十四字。

刘高联院士对钱伟长的力学学术成就方面做了专业性的阐述，认为钱伟长是我国近代力学和国际奇异摄动理论的奠基人②。

程昌钧教授发表相关论文③，详细阐述了钱伟长对力学和应用数学的贡献，并介绍了钱伟长方程的由来④，"科学宝库中永远闪耀的明珠"——钱伟长的"板壳内禀理论"被列为20世纪力学学科领域最重要的七项成果之一。程昌钧撰写的《薄壳和薄板的内禀理论》一文曾由钱伟长亲自审阅、两次修改得以完成。

综合此类研究，研究者基本都拥有力学、应用数学等学科研究的经历，并在上海大学力学所、力学系与钱伟长有非常直接的接触。其中，黄黔、周哲玮为钱伟长的博士研究生，戴世强、程昌钧参与了上海大学应用数学和力学研究所、力学系的创办。

（三）当前研究的不足之处

有关钱伟长研究的文章中，除了教育思想、治学治校的研究之外，相当一部分是关于钱伟长生平的描述类文章。其他还有从钱伟长的政治生活、求学志向、故乡情结等方面的研究文章，在此不一一赘述。

在充分调研这些文献资料的基础上，作者发现，回顾历年来的研究趋

---

① 黄黔：《试谈钱伟长学术思想的几个特点》，载《上海工业大学学报》1992年第6期。
② 刘高联：《钱伟长——我国近代力学和国际奇异摄动理论的奠基人》，载《中国科学院院刊》2006年第2期。
③ 程昌钧：《钱先生对力学和应用数学的贡献》，载《力学进展》2010年第5期。
④ 程昌钧：《薄壳和薄板的内禀理论》，http://siamm.shu.edu.cn/portals/419/qian20100730/cjcheng20100802。

势,总体来说学术界对钱伟长教育思想的研究取得了不少成果,为后人进一步研究钱伟长教育思想及其影响奠定了基础。但目前既有的研究还存在如下不足之处:对钱伟长学术思想还缺乏系统研究,尚未对钱伟长的科学精神进行专题研究,特别是对其科学精神层面的直接研究成果还相当少,甚至可以说还处于起步阶段。与同时期的科学家(如钱学森等)的学术思想、科学精神和科学方法的研究相比,在钱伟长研究方面还有许多工作要做。

第二节 科学精神的研究综述

科学是物质与精神的统一,科学因其精神而更加强大。科学精神是科学实践活动所蕴含的文化精神的集中体现,是人类文明中最宝贵的部分之一,它源于人类的求知、求真精神和理性、实证的传统,并随着科学实践的不断发展,不断丰富其内涵。

一、科学精神的内涵和特征

科学是一种特殊的社会文化活动。科学研究活动的主体是科学家。科学研究活动的成果是科学理论,即关于自然界运动规律的知识。科学像所有社会有组织的活动一样,都需要文化精神的参与,是一项精神事业。也就是说,科学研究活动不能仅仅被看作一组技术性的和理论性的操作活动的集合,而且同时还必须被看作一种献身于既定精神价值和受伦理标准约束的社会文化活动。这种特定的、合理的精神价值和伦理标准,常常通过科学家们在科学研究活动中的某些高尚卓越的气质、风格、意志、态度和修养体现出来。人们把它们的总和称为科学精神[1]。也有人指出,科学精神是指由科学性质所决定并贯穿于科学活动之中的基本的精神状态和思维方式,是体现在科学知识中的思想或理念。

对于科学精神的内涵,近年来理论学术界有着不少的讨论,从多个层次、多个角度提出了各种看法和观点。科学精神可以从狭义和广义两个层次来看。狭义的科学精神,一般指从事科学研究的人所应该具备的一些基本理念和行为准则,如科学家在观察、实验、计算、思考过程中所应遵循的基本准则。广义的科学精神,指人们在社会实践活动中,思想和行为应该遵循的一些基本准则,如有的学者提出,科学精神集中体现为追求真理、崇尚创新、尊重实践、弘扬理性,要求每一个社会成员都应该具备和遵循。广义的科学精神具有世界观和方法论意义,对人们的思想和行为具有普遍的指导意义。伴随人类认识和实践活动的发展,科学精神本身也是在继承中不断发展的,从古代科学精神,到近代科学精神,再到现代科学精神,科学精神的内涵越来越深刻和丰富。

对于科学精神的特征,向来有各种不同的理解。一般认为追求认识的真理性,坚持认识的客观性和辩证性,是科学精神的首要特征。科学精神包括求实精神、创新精神、怀疑精神、宽容精神等几个方面,其中最主要的是求实与创新。

对于此问题,李醒民指出[2],科学精神是伴随近代科学的诞生、在继承人类思想遗产的基础上,逐渐发展起来的科学理念和科学传统的积淀,是科学文化深层结构(行为观念层次)中蕴涵的价值和规范的综合,它主要生发于科学信念、科学方法、科学思想和科学知识,并在科学活动和科学建制中力行和发扬光大。科学精神是科学本性的自然流露或延伸,体现了科学的哲学和文化意蕴,是科学的根本、真诠和灵魂。通过科学传

---

[1] 袁运开、王顺义:《世界科技英才录·科学精神卷》,上海科技教育出版社1998年版。
[2] 李醒民:《科学精神的特点和功能》,载《社会科学论》2006年第3期。

播、科学学习、科学训练、科学研究，它能够内化为人的科学心态即科学的心智框架（scientific frame of mind）或科学的心智习惯（scientific habit of mind）、科学思维方式与科学良心（scientific conscience），外化为人的科学态度（scientific attitude）、科学道德与社会的科学心理风气（scientific mental climate）。科学精神充分体现了科学的优良传统、自主意识、价值取向、精神气质、认知模式、道德律令和行为准则。它是科学家应该具有的精神，是多数科学家事实上或多或少具有的精神，也是非科学家能够领悟和习得的精神。人们既能够从科学的成功、健康发展中洞悉科学精神，也能够从科学的失败、病态停滞中窥见科学精神。

二、科学精神的价值

科学精神可以说是人类在科学的认识和实践活动中逐步形成的一套价值观念体系，一旦形成后，它又成为支配和统帅我们进行科学活动和其他相关活动的灵魂，并且作为人类最珍贵的"无形遗产"、作为象征和展现科学事业内在意义的东西而不断留存下来[①]。科学精神虽然主要是通过科学家的行为体现出来，对科学事业的发展具有重要作用，但是它的积极意义却绝不仅局限于科学界。

历史上，科学精神曾经引导人类摆脱愚昧、迷信和教条。在科学的物质成就充分彰显的今天，科学精神更具有广泛的社会文化价值，并已经成为全社会的共同精神财富，照耀着人类前行的道路，因此，倡导和弘扬科学精神更显重要。

科学精神源于近代科学的求知求真精神和理性与实证传统，它随着科学实践的不断发展，内涵不断丰富。科学精神集中体现为追求真理、崇尚创新、尊重实践、弘扬理性。科学精神倡导不懈追求真理的信念和捍卫真理的勇气。科学精神坚持在真理面前人人平等，尊重学术自由，用继承

---

① 肖峰：《论科学与人文的当代融通》，江苏人民出版社2001年版。

与批判的态度不断丰富发展科学知识体系。科学精神鼓励发现和创造新的知识,鼓励知识的创造性应用,尊重已有认识,崇尚理性质疑。科学精神不承认有任何亘古不变的教条,科学有永无止境的前沿。科学精神强调实践是检验真理的标准,要求对任何人所作的研究、陈述、见解和论断进行实证和逻辑的检验。科学精神强调客观验证和逻辑论证相结合的严谨的方法,科学理论必须经受实验、历史和社会实践的检验。

科学精神的本质特征是倡导追求真理、鼓励创新、崇尚理性质疑、恪守严谨缜密的方法,坚持平等自由探索的原则,强调科学技术要服务于国家、民族和全人类的福祉。

三、中外学者对科学精神的研究

(一)西方学者对科学精神的研究

自皮尔逊(K. Pearson)在《科学的规范》(1892)、梅尔茨(J. T. Merz)在《十九世纪欧洲思想史》(第一卷,1896)中详论科学精神以来,已逾一个世纪。

也许是由于科学本来就脱胎于西方文化传统,西方人亲身经历了科学革命的洗礼,又身处科学发达的国度,科学精神似乎早就潜移默化地浸润了他们的心田,所以在西方社会,科学精神既未成为学术界的热门话题,也未风靡于街头巷尾。但是,这并不是说在西方没有科学精神的提法和讨论,科学精神的术语早已有之。

因此有人认为[①],科学精神产生于西方文化,在古希腊时期就有了科学精神的萌芽,历经文艺复兴时期的思想解放、17世纪近代科学诞生、18世纪科学启蒙与普及和19世纪自然科学体系的成熟,科学精神随着科学的发展,融入了西方文化思想,成为西方思想文化的一部分。

西方学者对科学精神进行的探讨和论述大大影响了我国学者的研

---

① 王忠武:《浅论西方文化的科学精神》,载《社会科学杂志》1994年第12期。

究,其具有代表性的观点可以作以下归纳[①]:

1. 从科学的内涵和特点论阐述科学精神

英国哲人皮尔逊(Karl Pearson)在科学哲学名著《科学的规范》(1892)[②]中对科学的特点和精神进行了研究。他洞察到科学的一些精神气质或特性,如普遍性、客观性、实证性、合理性、怀疑性、简单性、一致性、进步性、共有性、公正性等,他称其为科学精神(spirit of science, scientific spirit)、科学的心智框架或科学的精神状态或科学的心态(心境)(scientific frame of mind)。皮尔逊赞美科学精神,认为具有科学精神的素养是好公民的本质,提出用科学精神促进健全的公民教育,还指明了培养科学精神的途径。

2. 从科学精神的特征角度探讨科学精神

英国的约翰·西奥多·梅尔茨(John Theodore Merz)在多卷本的《十九世纪欧洲思想史》(第一卷,1896)[③]中这样认为:与别的时代相比,科学精神是本世纪的一个突出特征……因此,本世纪可以恰当地称为科学的世纪。他分专章详细论述了"法国的科学精神""德国的科学精神""英国的科学精神",指出这三个国家的科学精神的特色和独到贡献。

梅尔茨充分肯定了科学精神的普适性和普世性,认为一切国家都对科学所具有的世界性力量和影响做出了贡献,都扩充和加深了科学精神,拓展了它的前途;而且科学精神扩散和渗透到各个国家,可以为每一个乐于享用它的民族和个人所分享[④]。

3. 从科学规范角度探讨科学精神

罗伯特·金·默顿(Robert King Merton)提出科学精神是有感情情调

[①] 唐真:《我国关于科学精神的讨论及其影响的研究》,中国社会科学院硕士学位论文,2008年。
[②] 卡尔·皮尔逊:《科学的规范》,李醒民译,华夏出版社1999年版。
[③] 约翰·西奥多·梅尔茨:《十九世纪欧洲思想史(第一卷)》,周昌忠译,商务印书馆1999年版。
[④] 李醒民:《科学精神的特点和功能》,载《社会科学论坛》2006年第3期。

的一套约束科学家的价值和规范的综合。默顿又提出四种惯例的规范作为科学精神的组成：其一是普遍性，即对正在进入科学行列的假设的接受或排斥，不取决于该学说的倡导者的社会属性或个人属性，也就是说与他的种族、国籍、宗教、阶级和个人品质无关；其二是共有性，即任何科学成果都是社会协作的产物，并且应该分配给全体社会成员，发现者和发明者不应据为己有；其三是无偏见性，即反对欺骗、诡辩、夸夸其谈、滥用专家权威等等；其四是有条理的怀疑性，即坚持用经验和逻辑的标准，审查和裁决一切假说和理论，而决不盲从[①]。

默顿在《科学的规范结构》(1942)[②]中指出："科学的精神特质是指约束科学家的有情感色调的价值和规范综合体。这些规范以规定、偏好、许可和禁止的方式表达。它们借助于制度性价值而合法化。这些通过告诫和范例传达、通过偏好而加强的必不可少的规范，在不同程度上被科学家内化了，因此形成了他们的科学良知。尽管科学的精神特质并没有被文明规定，但它可以从体现科学家的偏好、从无数讨论科学精神的著述和从他们对违反精神特质表示义愤的道德共识中找到。"

4. 从科学的价值角度论述科学精神

英国科学家、文学家布鲁诺夫斯基(Jacob Bronowski)从科学和人的价值中提炼和总结了科学的求真精神、创新精神、民主自由精神以及宽容精神。布鲁诺夫斯基曾在《科学和人的价位》一文中说，科学以追求真理为目标和最高价值，由于真理不是教条而是过程，追求真理的人必须是独立的。科学把对独创性的热爱作为独立性的标志，科学发现必须具有独立性。独立性和独创性对科学的意义要求我们把价值放在异议上，因为异议是智力进化的工具，是科学家的天生活动[③]。没有异议就没有科学，没

---

① 罗伯特·金·默顿：《科学社会学——理论经验研究(上册)》，鲁晓东、林聚任译，商务印书馆2003年版。
② 罗伯特·金·默顿：《科学的规范结构》，林聚任译，载《哲学译丛》2000年第3期。
③ 李醒民：《科学精神和人的价值》，载《自然辩证法研究》1998年第1期。

有异议的人根本就不可能成为科学家。异议的本身不是目的,它是更深刻的价值即自由的标志。学术自由必然导致差异和分歧,而稳定进步的社会又必须把观点各异的人集合在一起,因此宽容就成为科学不可或缺的价值。科学中的宽容是一种积极的价值,其精神实质在于:承认给他人的观点以权利还是不够的,还必须认为他人的观点是有趣的和值得尊重的,即使我们认为它是错误的。因为在科学探索中犯错误是不可避免的,是由科学和人的本质性决定的。

5.从人们对科学精神的认识发展来说明科学精神

法国20世纪重要的科学哲学家加斯东·巴什拉(Gaston Bachelard)在《科学精神的形成》①一书中,从各种"认识论障碍"出发,通过对科学活动和科学文化的发展变化来说明科学精神的特质。巴什拉认为,科学精神的发展就是从感性认识经几何化,最后达到完全抽象化的过程。他特别强调科学精神的开放性、反思性和社会性。

西方学者对科学精神的论述主要集中在科学精神的特点、目标价值等方面,其研究注重科学精神的局部内容,而缺少全面整体的研究。李醒民对此作了概括,他认为科学精神有诸多特点,这些特点往往"一分为二",具有某种张力性质。

(二)我国学者对科学精神的研究

在中国的学术界和思想界,出现过两次讨论科学精神的热潮②:第一次是在五四运动前后,当时新文化运动的俊彦对科学精神乃至科学之"道"早就有精湛的研究和真知灼见;第二次是从20世纪90年代后期开始到21世纪初期。

1.早期的科学精神研究

我国早期关于科学精神的讨论,始于新文化运动时期。在此期间,众

---

① 加斯东·巴什拉:《科学精神的形成》,钱培鑫译,江苏教育出版社2006年版。
② 李醒民:《科学的文化意蕴》,高等教育出版社2007年版,第215页。

多学者发表了大量关于科学精神的文章,他们对于科学精神的内涵作了深入的剖析①。

黄昌毂(1891—1959)在《科学通论》一书中认为,科学精神有两项特性:"一、须根据事实,以求真理,不取虚设玄想以为论据,不放言高论以为美谈。二、认定求知求用的宗旨,力行无倦。"②

秉志(1886—1965)提出,科学精神有五,分别是"公""忠""信""勤""久"③。"公"是指科学工作者要公开科学研究成果,有大公无私的精神;"忠"是指科学家要以忠诚的态度探求真理;"信"是指科学研究要实事求是、诚信,不能作假;"勤"是指科学工作者要勤奋;"久"是指科学家要有持之以恒、锲而不舍的研究精神。

1916年,任鸿隽(1886—1961)在其发表的著名文章《科学精神论》中称科学精神为"科学发生之源",是科学家的"人志",并说:"科学精神者何? 求真理是已。""而真理之特征在有多数事实为之佐证,故言科学精神,有不可不具之二要素。"④这两个要素就是"崇实"和"贵确"。由此可见,任鸿隽把科学精神视为科学的根本和精髓,认为求真崇实精神是科学精神最根本的内涵。他随后解释说,科学研究的目的是为了追求客观真理,故求真是科学精神最根本的体现;而科学研究的基本依据是客观事实,科学研究的成果必须以事实为根据,不能虚设妄断,这就是崇实。1926年,任鸿隽在《科学概论》中又将科学精神的要素扩展为"崇实,贵确,察微,慎断,存疑"。从以上所引可以看出,科学精神表现为追求真理和为捍卫真理而舍身的精神,而要追求真理就必须运用科学的方法,即以事实为基,以试验为稽,以推用为表,以证验为决,他所提倡的崇实和贵确,既是科学精神,也是科学方法。所以任鸿隽先生所论之科学精神是融

---

① 唐真:《我国关于科学精神的讨论及其影响的研究》,中国社会科学院硕士学位论文,2008年。
② 黄昌毂:《科学通论》,中国科学社1934年版,第12页。
③ 李醒民:《秉志科学论一瞥》,载《哲学分析》2017年第4期。
④ 任鸿隽:《科学精神论》,载《科学》1916年第1期。

科学方法于其中的,要依靠科学方法来实现科学精神。

胡适(1891—1962)在《我们对于西洋近代文明的态度》一文中认为,西方近代文明非常重视精神上的需求,而不仅是物质文明。他指出:"西洋近代文明的精神方面的第一特色是科学。科学的根本精神在于求真理。"他进一步指出:"真理是深藏在事物之中的;你不去寻求探讨,它决不会露面。科学的文明教人训练我们的官能智慧,一点一滴地去寻求真理,一丝一毫不放过,一铢一两地积起来。这是求真理的唯一法门。"①

1922年,梁启超(1873—1929)在中国科学社年会上作了题为《科学精神与东西方文化》的讲演。他说:"科学精神是什么?我姑且从最广义解释:'有系统之真知识,叫作科学,可以教人求得有系统之真知识的方法,叫作科学精神。'"梁启超将科学精神与科学方法视为一体,认为科学精神即科学方法。随后他分三层对科学精神进行阐释:第一层,求真知识;第二层,求有系统的真知识;第三层,求可以教人的知识。他认为:"凡学问有一个要件,要能'传与其人'。人类文化所以能成立,全由于一人的智识能传给多数人,一代的智识能传给次代。"②梁启超不仅揭示了科学方法中蕴含的科学精神,而且提出了中国学术由于缺乏科学精神而存在的弊病,提倡用科学精神来改造中国学术观念。

1935年8月,竺可桢(1890—1974)发表题为《利害与是非》的讲演③。他指出,中国近30年来提倡"科学救国",但只看重西方科学带来的物质文明,却没有培养适合科学生长的"科学精神"。他说:"科学精神就是'只问是非,不计利害'。这就是说只求真理,不管个人的利害,有了这种科学的精神,然后才能够有科学的存在。"1941年,竺可桢在《思想与时代》上发表了一篇题为《科学之方法与精神》的文章。他在文中说:"近代科学的目标是什么?就是探求真理。科学方法可以随时随地而改换,这科学目标,

---

① 胡适:《我们对于西洋近代文明的态度》,载《生活周刊》1927年第4期。
② 梁启超:《梁启超讲演集》,河北人民出版社2004年版,第154—157页。
③ 竺可桢:《竺可桢文录》,浙江文艺出版社1999年版,第33—36页。

蕲求真理也就是科学的精神,是永远不改变的。"他认为,据此可以得出科学精神的内涵:一是不盲从,不附和,以理智为依归。如遇横逆之境遇,则不屈不挠,不畏强御,只闻是非,不计利害;二是虚怀若谷,不武断,不蛮横;三是专心一致,实事求是,不作无病之呻吟,严谨整饬毫不苟且①。

我国早期科学精神讨论参与学者众多,既有科学领域的学者,也有思想文化领域的学者,此外学者们对科学精神内涵及弘扬科学精神的意义等问题认识也很深刻,这些观点至今仍有不少的借鉴价值。李醒民在《中国现代科学思潮》中比较全面地对科学精神讨论的内容进行了总结,他详细总结了五四运动时期学者对科学精神讨论的观点,并且分析了西方科学哲学思想对当时学者的影响。他指出:"他们(五四运动时期的学者们)对科学的内涵、外延和特质有明晰的认识:对科学的社会功能全面加以审视,强调其精神价值;对科学精神进行了全方位的剖析;对科学方法十分重视,并着力加以探究;对科学的文化意义和影响洞见深刻;对反科学思潮予以严肃批驳。"②

2. 近期科学精神的研究

从20世纪90年代开始,对科学精神的研究逐渐获得重视,国内再次出现讨论科学精神的高潮。在促进科学发展和反对伪科学的背景下,研究主要是围绕科学精神的定义、内涵和特征及科学精神的意义和作用等方面展开的。从内容上看,讨论深化了科学精神理论,并且扩展了科学精神的内涵和社会意义。

袁正光认为,科学精神就是科学观念和敢于坚持这种观念的勇气。它透着一个民族或者一个人的气质、性格和心理,科学精神包括五个方面:探索精神、实证精神、原理精神、创新精神、独立精神③。

---

① 竺可桢:《竺可桢文录》,浙江文艺出版社1999年版,第41页。
② 李醒民:《中国现代科学思潮》,科学出版社2004年版。
③ 袁正光:《科学精神与人文精神》,https://www.doc88.com/p-980737727180.html,2013年4月3日。

董光璧指出[①],科学精神是科学家群体行为规范所体现的一种理想的精神气质,它不能依靠任何学术定义的规定,只能通过了解科学规范而理解。他把科学精神集中概括为"追求真理"和"实事求是"。

巨乃岐把科学精神看作科学家所具有的精神品质,即"科学家的精神"(spirit of scientists),认为所谓科学精神就是人们在科学活动中所具备的意识和态度,是科学工作者应有的信念、意志、品质、责任感和使命感的总和,它包括六个方面的内容,即探索求知的理性精神、实验验证的务实精神、批判创新的进取精神、互助合作的协作精神、自由竞争的宽容精神和敬业牺牲的奉献精神[②]。

彭炳忠认为,科学精神就是科学文化的深层结构中所涵括的一套价值标准和行为规范的总称,是科学文化的核心结构。科学精神可分为三层:第一层即认识层次,主要表现为科学认识的客观性、逻辑的一致性和实践的可检验性等规范,它们直接体现了科学的本质特征,构成了全部科学精神的基础;第二层即社会关系层次,美国著名科学社会学家默顿揭示的四条规范——普遍性、共有性、无偏见性和有条理的怀疑性——就是这一层次上科学精神的基本内容;第三层次即价值观层次,科学通过求真,可以达到求善、求美,科学把追求真善美的统一作为自己的最高价值,这是科学精神的最高层次[③]。

樊洪业认为,科学精神是人对科学本质的理解和追求,其内涵是由理性精神和实证精神所支撑的"求真"[④]。

徐宝良认为,科学精神的内涵主要有如下几个方面:穷根究底、锲而不舍的求真精神,独立不羁的自由思想精神,勇于进取、忘我献身的精神,坚持真理、勇于改正错误的精神。科学精神的目的归根结底是寻求、揭示

---

① 董光璧:《科学精神是一种理想的精神气质》,载《科学时报》2001年2月2日。
② 巨乃岐:《试论科学精神》,载《自然辩证法研究》1998年第1期。
③ 彭炳忠:《论科学精神》,载《自然辩证法研究》1998年第10期。
④ 樊洪业:《科学精神的历史线索与语义分析》,载《大众科技报》2002年4月2日。

真理,推陈出新,不断进步,科学精神的内核在一定意义上就是创新①。

李醒民提出,科学精神是伴随近代科学的诞生,在继承人类先前思想遗产的基础上逐渐发展起来的科学理念和科学传统的积淀,是科学文化深层结构(行为观念层次)中蕴涵的价值和规范的综合②。

近些年在报刊上也常有论述科学精神的文章。例如,任仲平认为,科学精神包括探索求真的理性精神,实验取证的求实精神,开拓创新的进取精神,竞争协作的包容精神,执着敬业的献身精神;蔡德诚对于"什么是科学精神"反复思索多年,发表文章多篇,他认为科学精神的实质性的要素和内涵可概括为六条,即客观的依据、理性的怀疑、多元的思考、平权的争论、实践的检验、宽容的激励③。

1996年2月,周光召院士在全国科学普及工作会议上作了"加强科学普及,弘扬科学精神"的演讲,他把科学精神扩展为:一是平等和民主,反对专断和垄断;二是要创新;三是要在继承中求发展;四是团队精神;五是求实和怀疑精神。

2002年6月29日,全国人民代表大会常务委员会通过了我国第一部《科普法》。在《科普法》第二条中明确提出:"普及科学技术知识、倡导科学方法、传播科学思想、弘扬科学精神。"同时在第八条中提出:"科普工作应该坚持科学精神。"

2006年国务院颁布的《全民科学素质行动计划纲要(2006—2010—2020年)》明确了科学精神在公民科学素养中的重要地位。纲要中指出:"科学素质是公民素质的重要组成部分。公民具备基本科学素质一般指了解必要的科学技术知识,掌握基本的科学方法,树立科学思想,崇尚科学精神,并具有一定的应用它们处理实际问题、参与公共事务的能力。"

2007年2月,中国科学院发布的《关于科学理念的宣言》中对科学精

---

① 徐宝良:《科学精神的内涵》,载《大众科技报》2001年10月14日。
② 李醒民:《中国现代科学思潮》,科学出版社2004年版。
③ 金吾伦:《解析科学精神的内涵》,载《大众科技报》2002年4月16日。

神做出以下阐述:"科学精神是人类文明中最宝贵的部分之一,源于人类的求知、求真精神和理性、实证的传统,并随着科学实践不断发展,内涵也更加丰富。"

上述各种观点不尽相同且各有千秋,可见要给科学精神下一个十分准确而完整的定义、对科学精神的内涵做出精确的解释和说明是一件困难的事情,因为科学本身就是难以定义的。

科学精神是伴随近代科学的诞生,在继承人类先前思想遗产的基础上,逐渐发展起来的科学理念和科学传统的积淀,是科学文化深层结构(行为观念层次)中蕴含的价值和规范的综合。它主要生发于科学信念、科学方法、科学思想和科学知识,并在科学活动和科学建制中力行和发扬光大。

科学精神不是无源之水、无根之木,必须有坚实的基础,这个"基础"就是科学素质。培养科学素质,就是要学习科学知识,掌握科学方法,形成科学态度,树立科学精神。培养科学精神必须以学习科学知识、掌握科学方法、形成科学态度为基础,没有这三者为基础,科学精神是不可能培养起来的。为什么在社会上科学精神普遍缺乏?一个根本原因,就是人们科学知识贫乏、科学方法欠缺、科学态度缺失。不学习科学知识、不掌握科学方法、不形成科学态度,哪里来的科学精神?科学精神的培养是一个艰巨的、长期积累的过程,既需要学习,也需要实践。[1]

科学精神也充分体现了科学的优良传统、自主意识、价值取向、精神气质、认知模式、道德律令和行为准则。它是科学人应该具有的精神,是多数科学人事实上或多或少具有的精神,也是非科学人能够领悟和习得的精神[2]。

科学精神的内涵是不断发展和变化的。而这种发展和变化的根本原因是时代的进步和科学观的发展。但从历史发展来看,科学精神中追求真理、实事求是、开拓创新的内涵并没有变。

---

[1] 人民网,http://theory.people.com.cn/GB/41038/11105952.html,2010年3月9日。
[2] 李醒民:《科学的文化底蕴》,高等教育出版社2007年版。

2020年9月11日,在科学家座谈会上,习近平总书记指出,"科学成就离不开精神支撑。科学家精神是科技工作者在长期科学实践中积累的宝贵精神财富。新中国成立以来,广大科技工作者在祖国大地上树立起一座座科技创新的丰碑,也铸就了独特的精神气质",并重点阐述了爱国精神和创新精神,强调"科学无国界,科学家有祖国",科技工作者要把自己的科学追求融入建设社会主义现代化国家的伟大事业中去,树立敢于创造的雄心壮志,努力实现更多"从0到1"的突破,不断向科学技术广度和深度进军。2021年5月28日,中国科学院第二十次院士大会、中国工程院第十五次院士大会和中国科学技术协会第十次全国代表大会在北京人民大会堂隆重召开,习近平总书记出席大会并发表重要讲话,他说:"科学以探究真理、发现新知为使命。一切真正原创的知识,都需要冲破现有的知识体系。'善学者尽其理,善行者究其难。'广大院士要勇攀科学高峰,敢为人先,追求卓越,努力探索科学前沿,发现和解决新的科学问题,提出新的概念、理论、方法,开辟新的领域和方向,形成新的前沿学派。要攻坚克难、集智攻关,瞄准'卡脖子'的关键核心技术难题,带领团队作出重大突破。"

第三节　钱伟长学术思想、科学精神的构成及本书的研究方法

一、钱伟长学术思想、科学精神的构成

钱伟长曾经说过:"科学家自身要坚持高标准。我认为这个标准至少有三个方面。一是要有社会责任感和历史使命感。科学家要追求科学真理,但是更要爱国、热爱中华民族,也就是要有社会责任感和历史使命感。科学家从事研究,也要讲究对社会、国家和民族的贡献。……科学家不能脱离社会而存在,科学家做研究也应该对社会发展有真正的推动作用。二是除了自己的专业外,还要懂一点哲学。哲学很重要,很多学问做深了,都会碰到哲学问题。数学是这样,物理、化学、生物、计算机,都是这样。所以科学家一定要研究一点哲学,要懂哲学。没有哲学思想的指导,很难取得重大的科研成果。三是要锐意创新。我认为创新主要有三个方面:一是思想的创新,革新某个学科的根本思想;二是方法的创新,包括数学方法和实验方法;三是开拓已有思想和方法的新应用领域。不管做什么研究,都应该努力在这三个方面有所

创新。"①

钱伟长是一位出身清贫、热爱祖国、追求进步的科学家,他走过了一条坎坷不平的科学人生道路。他的一生一直与祖国和人民的事业紧密联系在一起,以杰出的成就、超人的才华、坦率的品格和创新的观念为世人敬仰。钱伟长不仅是中国近代力学事业的奠基人之一,他还继承并光大了哥廷根应用力学学派的优秀传统,大力发扬学术民主,组织各种各样的学术活动,经过他的传道授业,数以千计的学子迅速成长,不少人成了我国科学技术事业新一代的中流砥柱。

解析钱伟长科学精神可以从他的学术成就和人生经历出发,主要探究他创新精神、求实精神和奉献精神等方面。

因此,本书将从以下几个方面对钱伟长的科学精神进行研究:第一,钱伟长的学术成就和科学精神的根基;第二,勇于开拓的创新精神;第三,知行合一的奉献精神;第四,探索真理的求实精神。

二、本书的研究方法

本书以钱伟长科学精神和影响为研究内容,以辩证唯物主义为指导,在调研相关文献史料和访谈相关学者、专家的前提下,对钱伟长以科学报国、术业为民为核心的学术思想、科学精神进行系统梳理解读,如实提炼其思想内涵,力求为社会发展和科学研究,以及科学史、力学史研究提供有益的借鉴和参考。

---

① 钱伟长:《科学基金对繁荣科学至关重要》,载《钱伟长文集(下卷)》,上海大学出版社2013年版,第1434页。

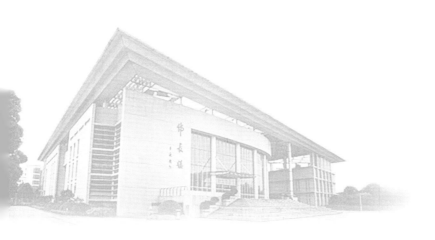

第二章 钱伟长学术成就和科学精神的根基

第一节　钱伟长的学术成就

钱伟长早在1936—1937年在清华大学做研究生时,就进行了硒的单游离光谱分析,开创了我国稀土元素研究的先河,受到物理学界的注意。1940—1942年,在加拿大多伦多大学学习期间,他在导师辛格(J. L. Synge)的指导下完成博士学位论文《弹性板壳的内禀理论》,该理论给出的薄板薄壳非线性方程后来被科学界称为"钱伟长方程"。1942年,他到美国加利福尼亚理工学院喷射推进研究所担任研究工程师,与钱学森等一起,在世界著名科学家冯·卡门(Theodore von Kármán)的指导下从事航空航天领域的研究,参加火箭和导弹实验,进行火箭、导弹的弹道分析和计算。1946年,他与冯·卡门合作发表的《变扭率的扭转》一文,被冯·卡门称为自己一生中最为经典的弹性力学论文。

据戴世强在《论钱伟长的治学理念和学术风格》[①]一文中介绍,钱伟长从事科学研究已超过一个甲子,他在科研战场上纵横驰骋、广泛涉猎、成果颇丰。钱伟长的学术成果涉及方面之广、钻研功夫之深、影响范围之

---

① 戴世强:《论钱伟长的治学理念和学术风格》,载《力学进展》2003年第1期。

大，令人叹为观止。根据钱伟长的学术活动的大事年表，他从事过的学术研究主要有[①]：

1934—1935年，与清华大学物理系的同学顾汉章一起测定北平地区大气参数，并于1935年在青岛召开的全国物理学年会上作了报告。

1935—1939年，在清华大学物理系吴有训教授指导下研究稀土元素的光谱分析和X射线衍射；在清华大学化学系黄子卿教授指导下研究溶液理论；开始自行钻研弹性板壳理论。

1940—1942年，在加拿大多伦多大学应用数学系与导师辛格教授合作探索弹性板壳的内禀理论，并完成以此为题的学位论文，获应用数学博士学位，这项研究备受国际学术界关注，产生了深远影响。

1941—1942年，参加加拿大研究委员会应用数学组关于雷达天线的研究工作，给出雷达波导阻抗的计算理论与公式；与加拿大多伦多大学应用数学系的A. Weinstein合作研究固支受拉方板的振动。

1943—1946年，在美国加利福尼亚理工学院航空系及喷气推进研究所（JPL），在冯·卡门教授领导下研究火箭弹道、火箭的气动设计、气象火箭、人造卫星轨道、降落伞运动规律、火箭的飞行稳定性、对称超音速锥型流流场计算、圆柱体的变扭率扭转等问题。

1946—1957年，在清华大学先后研究圆薄板大挠度弯曲问题的渐近解（摄动解和奇异摄动解）、流动润滑理论、构件的压延加工、连续梁特性、扭转问题、扁壳跳跃问题和方板大挠度问题，这些问题大多属于非线性力学的前沿领域，有关成果在力学界产生了广泛影响。

1958—1976年，尽管被剥夺了正常地从事科研活动和公开发表学术论文的权利，但钱伟长没有停止过对科学技术问题的探索，从事了以下诸项研究：飞机颤振、潜艇龙骨设计、化工管板设计、氧气顶吹转炉炉盖设计、大型电机零件设计、液压机设计和研制、高能锌空气电池研制和穿甲

---

① 戴世强：《论钱伟长的治学理念和学术风格》，载《力学进展》2003年第1期。

原理、三角级数求和、变分原理中的拉格朗日乘子（Lagrange Multiplier）法探索等等，这些成果有的见诸他人的著述中，有的在1980年以后陆续以论著形式问世。

1977年起，先后在清华大学、上海工业大学、上海大学研究环壳理论、广义变分原理、有限元理论、中文信息处理、薄板大挠度的合成展开法、波纹管和其他管板、穿甲力学和断裂力学、加筋壳分析、三角级数求和、扁壳的非Kirchhoff理论，等等。

1978年起的15年间，钱伟长平均每年出版一本专著，这段时间成为他的学术生涯中的第三个丰收期（第一个丰收期为出国留学期间，第二个丰收期为学成回国到"反右"之前）。

钱伟长共发表学术论文200余篇（部分散佚，收录在案的有168篇）、出版学术专著18部、撰写报刊文章500余篇（其中直接与学术问题有关的约占70%），担任过主编或编委的杂志、学术专著（或丛书）、辞典与百科全书达30种，还曾任《应用数学和力学》（中、英文版月刊）主编、《力学进展》（双月刊）副主编以及三种国际学术刊物编委、多种国内刊物的编委或顾问编委。由于在弹性薄板大挠度理论和广义变分原理方面的出色工作，于1955年和1982年两度荣获国家自然科学二等奖；由于在学术上的卓越成就，于1999年获何梁何利基金科学与技术成就奖。

据程昌钧在《钱伟长先生对我国力学和应用数学的贡献》[①]一文中介绍，钱伟长在力学和应用数学研究领域做出了开创性和奠基性的工作，其中包括板壳内禀理论、弹性圆薄板大挠度理论、环壳理论及其应用、广义变分原理及在有限元计算中的应用、奇异摄动理论、理性力学等等。

钱伟长在其大半个世纪的学术生涯中，与时俱进，不断创新，成就卓著，在科研和育人上都做出了突出的贡献，鉴于他对我国力学事业的有目共睹的杰出贡献，他与周培源、钱学森、郭永怀三位院士一起，被公认为是

---

① 程昌钧：《钱伟长先生对力学和应用数学的贡献》，载《力学进展》2010年第5期。

中国近代力学的奠基人。不仅如此,钱伟长还是世界奇异摄动理论当之无愧的奠基人之一[①②]。

下面主要介绍钱伟长在奇异摄动理论、环壳理论及其应用和其他方面的学术成就(关于在板壳内禀理论、弹性圆薄板大挠度理论、广义变分原理及在有限元计算中的应用的情况等方面的学术成就将在第三章中加以详述)。

一、奇异摄动理论

钱伟长在《奇异摄动理论及其在力学中的应用》[③]一书的序言中写道:"自第二次世界大战以来,力学的分析方法在两个方面,即在广义变分原理和奇异摄动理论方面有重要的发展。前者配合着计算机的出现,为有限元提供了广阔的工作园地;后者基本上满足了力学由线性区域进入非线性区域所必需的有效手段。力学工作者利用这个新的手段,对许多力学现象有了前所未有的理解。""目前奇异摄动理论已成为应用数学的一个重要方法,它不仅在力学的多个分支中有着广泛的应用,而且在理论物理的各个分支也起着日益重要的作用。""奇异摄动理论是在发展中逐步形成的,当物理、力学或其他工程科学问题中出现无量纲小参数时,利用摄动法或小参数展开法作渐近展开,往往会得到简单而有效的结果,同时这种方法可以用来处理复杂的非线性问题,但是,通常正则摄动法在:(1)无限域的场函数问题;(2)场函数和它的各阶导数不是同量级的问题;(3)场函数的微分方程由于正规摄动引起方程类型变化的问题;(4)场函数的微分方程的系数中有转向点的奇点问题中,就不能

---

① Liu Gao-Lian. Wei-Zang Chien and his contribu-tions to applied mathematics and mechanics. Complementarity, Duaity and Symmetry in Nonlinear Mechanics (Proc. IUTAM Symp. ed. by David Y. Gao), Boston: Kluwer Acad. Publ., 2004, xxi-lvii.
② 谈镐生:《祖国力学事业辛勤的耕耘者——恭贺挚友伟长先生九秩华诞》,载《力学进展》2003年第1期。
③ 钱伟长:《奇异摄动理论及其力学中的应用》,科学出版社1981年版。

得到在求解区域内一致有效的渐近展开式,于是,各种奇异摄动理论就应运而生。奇异摄动方法是一种渐近分析方法,它的优点是能给出足够正确的解的解析结构,其结果常能用来进行物理问题的定性的且近似定量的讨论。这种优点是数值解做不到的。因此,奇异摄动理论越来越受到国际学术界的重视,应用范围也越来越广,从而逐步形成了较完整的理论。"

钱伟长不仅对推动我国奇异摄动理论的发展做出了重要贡献,他本人在奇异摄动理论及其在力学中的应用方面就进行过开创性和奠基性的工作。人们普遍认为,钱伟长有关奇异摄动法的第一篇文章是1948年求解《固定圆薄板在均匀压力作用下的渐近进特性》,即他以Hencky薄膜解为基础,研究当挠度很大时固定圆薄板在均匀压力作用下的渐进特性的文章。他最早发现了固体力学中的边界层效应,即在边界附近场函数(挠度)与场函数的一阶导数(转角)为不同量级的情况,致使薄膜解不能满足转角为零的边界条件。为了解决这个问题,他以Hencky薄膜解为外场解(全场都适用,而且满足边界挠度为零的条件)为基础,然后,把边界法向尺度放大,设立边界内层坐标,以无量纲化中心挠度为尺度参数,进行摄动展开,并称为内层解。将外场解和内层解合成起来以便满足边界转角为零的条件,解决边界层效应。钱伟长的这篇文章发展了"奇异摄动法",奠定了后来人们称之为"合成展开法"的基础。但是,就钱伟长本人的看法,他于1945年在美国加州理工大学航空系召开的超音速动力学研究会上所作的关于"超音速对称锥流的渐近解法"的报告中就采用了当时尚未被公认的奇异摄动法,后来此报告于1947年以 *Symmetrical conical flow at supersonic speed by perturbation method* 为题发表在《清华大学工程学报》第3卷第1期的1—14页上(发表时修正了文中方程(8)中的系数,增加了因子1/2)。不管怎样,钱伟长用这种"合成展开法"研究圆板的大挠度问题的渐近解的文章,比国际上同类工作领先了8年,是国际上有关奇异摄动理论的早期著作之一。郭永怀在20世纪50年代把Poincare-

Lighthill方法推广应用于有边界效应的黏性流问题，林家翘在1954年对双曲型微分方程问题提出了通常称为解析特征线法的奇异摄动理论，钱学森在1956年深入地阐释了这个方法的重要性并称之为PLK方法。之后，奇异摄动理论受到重视，被认为是摄动法的新领域，成为力学上求解非线性问题的重要途径。

1947年，钱伟长创建了以中心挠度（与板厚h之比）为摄动参数作渐近展开的摄动解法，第一次成功地求得了圆薄板大挠度von Kármán非线性微分方程的级数解。刘高联指出："钱氏摄动法大大拓广了人们选择摄动参数的眼界和技巧，充分体现了钱老突出的创造性，使摄动法的研究推进了一大步。"[1]

二、环壳理论及其应用

圆环壳是仪器仪表的弹性元件和其他壳体结构中的一种常见形式，在许多仪器仪表工业中有着广泛的应用。进入科学的春天后，钱伟长根据生产实际的需要先后承担了两项国家攻关课题，专门研究圆环壳的一般解及其在弹性元件和波纹管膨胀节研制中的应用。他与他的同事、学生先后发表了8篇有关论文，解决了一系列实际问题。

圆环壳方程非常复杂，难于求解。1912年H. Reissner和1915年E. Meissner把一般轴对称壳体方程化为2个变量的2个2阶常微分方程，使环壳理论的方程得到较大简化。20世纪30年代以后，F. Tolke（1937）、R. A. Clark（1950）和V. V. Novozhilov（1951）先后提出三种不同的复变量方程，Clark给出了渐近解，Novozhilov求出了非齐次解，但不能满足不同的边界条件，虽然形式不同，但是这些方程为求解环壳提供了可能性。1979年，钱伟长等关于轴对称圆环壳的复变量方程和轴对称细环壳的

---

[1] 刘高联：《钱伟长——我国近代力学和国际奇异摄动理论的奠基人》，载《中国科学院院刊》2006年第2期。

一般解的工作则从Reissner-Meissner轴对称壳体方程出发,用一个统一的复变量化过程,分别导出了Tolke、Clark和Novozhilov等给出圆环壳的复变量方程,并研究了这些方程的近似性,证明了这些方程的差异都是在Kirchhoff-Love薄壳的假设范围之内的。如果在方程中引入一个参数$\alpha = a/R$,则当$\alpha \ll 1$时,环壳被称为细环壳,其中a和R分别为环壳截面的半径和环壳的整体半径。在这篇文章中,钱伟长得到了细环壳方程的齐次解,并证明了解的收敛性,这是前人没有得到过的一个新的解。把它与1951年Novozhilov求出的非齐次解结合在一起,可以得到细环壳方程的一般解,并可用于波纹管等弹性元件的计算。

之后,钱伟长等将研究细环壳方程的一般解的方法推广到求解一般的圆环壳方程,于1980年给出了轴对称圆环壳的一般解。这里,他放弃了$\alpha \ll 1$的假设,提出了轴对称圆环壳在$0 \ll \alpha < 1$范围内的一般解,这个解是前人完全没有得到过的,并可以用来计算波纹壳、热膨胀器、高压容器的过渡部分并适用于波登管的计算,具有重要的实用价值。这样,钱伟长给出的圆环壳的一般解,解决了几十年来求解圆环壳方程的难题,成为钱伟长的另一重要贡献。

在一些相关工作中,钱伟长致力于圆环壳一般解在弹性元件计算中的应用,特别是应用于波纹管的变形和应力计算。钱伟长将圆环壳的一般解应用于半圆形波纹管的计算时,得到了半圆形波纹管在轴向力作用下的变形和应力分布,它们与Turner和Ford的实验结果非常接近,即使在细度$a \approx 0.3$时,实验结果与细环壳极限方程得到的解仍然是很接近的。

在圆薄板摄动解和圆环壳一般解的基础上,钱伟长和黄黔等提出了轴对称载荷下旋转壳非线性计算通用程序,应用于仪表弹性体元件和波纹管补偿器等的计算,给出采用壳体理论的设计方法。钱伟长在80年代先后提出了仪表弹性元件和波纹管膨胀节的理论计算方法,如U形波纹管非线性特性的摄动解法、三圆弧波纹膜片的设计以及轴对称载荷下旋转壳弹性元件的非线性计算通用程序等。钱伟长把所获得的关于轴对称圆环壳的理论成果直接应用于波纹壳和波纹管等工程技术领域,解决了这些领域中长期未能解决或者未能很好解决的关键技术问题,成为相关技术领域的新起点[①]。

三、其他方面的学术成就

除了在上面提到的研究领域中做出了开创性和奠基性的工作之外,在其他诸多领域中钱伟长也颇有建树,现概述于下。

在光谱分析方面,1937—1939年,钱伟长在著名物理学家、清华大学理学院院长吴有训的指导下从事稀土元素的光谱分析研究,其中硒的单游离光谱分析是稀土光谱的基础性工作,开了我国稀土元素研究的先河,受到国际物理学界的重视。

在流体力学方面,在20世纪40年代,钱伟长用一种巧妙的摄动展开法,给出高速空气动力学超音速锥型流的渐近解,大大改进了冯·卡门和N. B. Moore给出的线性化近似解,对摄动法也是一项重大突破。1949年,他研究了润滑流体力学问题,基于轴承间隙黏性流体层很薄的情况,以无量纲流体厚度为小参数,进行摄动展开,仅用三个简化假设,从Navier-Stokes方程导出了润滑问题的高阶Reynolds型方程,建立了相应的变分表达式,使计算工作大为简化。1984年,钱伟长根据流体力学基本方程,对内流、外流等一般的黏性流动建立了普遍的变分原理,对可压缩和不可压缩流体分别建立了最大功率消耗原理;他还把固体力学中变分原理方法推广到黏性流体力学,奠定了流体力学有限元计算的基础。

在应用数学方面,钱伟长在"文革"期间研究了各种三角级数的求和问题,特别是研究了通过傅立叶变换对有关三角级数进行求和的新方法,编制了包含10 000个三角级数的《傅氏级数之和》的大表,很有实用价值。

钱伟长还以其深厚的国学功底,对汉字文字改革和汉字信息处理进行

---

① 程昌钧:《钱伟长先生对力学和应用数学的贡献》,载《力学进展》2010年第5期。

了研究,研制成新型中文打字机(1980)和汉字输入计算机的编码方案——"钱码"(1984),该项成果曾多次受到褒奖和好评。钱伟长是促进中文信息处理发展和汉字电脑化、汉字现代化的先行者之一。他始终认为中文信息处理的现代化对中华民族教育和科学技术的振兴具有重要意义。推进汉字现代化研究和中文信息处理,主要是为了弘扬我们汉字的无穷魅力,振兴中华民族传统文化。"钱码"创立后以高速易学闻名于世,1986年,在国家标准局组织的全国第一届汉字输入方案评测会上,在34种方案中,"钱码"被评为A类方案,单人输入速度第一,并在同一年获得上海市科技进步二等奖。"钱码"还被国际商业机器公司(IBM)选用为该公司的中文标准编码之一。这一成功对于在我国普及计算机,实现科学管理化、情报工作自动化,印刷排版现代化,汉字通信网络化等都有重要的意义。

钱伟长还对大功率高性能电池进行设计和研制,最终制造出超过国际水平的锌空气电池,并协助建立了锌空气电池厂,受到周恩来总理的称赞和支持,并获北京市1975年科技进步奖。

钱伟长对电机电磁场计算理论有独到的见解,其专著《格林函数和变分法在电磁场和电磁波计算中的应用》[①]在论述电磁场理论时,还糅合进了变分原理,尽管论述格林函数法和变分法的书籍不在少数,但把它们与电磁场、电磁波计算"捆绑"起来描述的专著在国内外并不多见,尤其是从变分原理出发作系统的电磁学计算的更为少见,因此被视为是一本不可多得的应用数学专著。

钱伟长开辟了非线性科学的研究领域,他研究了流动润滑理论、构件的压延加工、连续梁特性等非线性力学的前沿领域。对飞机震颤、潜艇龙骨设计、化工管板设计、氧气顶吹转炉炉盖设计、大型电机零件设计、液压机设计和研制、加筋壳分析、穿甲力学和断裂力学等都做过相关研究工作。

---

① 钱伟长:《格林函数和变分法在电磁场和电磁波计算中的应用》,上海科学技术出版社1989年版。

第二节 钱伟长科学精神的根基——
科学报国、强国富民的爱国胸怀

我国科技工作者有个光荣的传统:"他们有热爱祖国、热爱科学、为祖国献身、为科学献身的精神,以及在科学研究工作中求实、创新、不畏艰难困苦、勇于攀登高峰的精神。我们应当宣传这种精神,把这种精神发扬光大。"[①]

习近平总书记强调指出:"新时代更需要继承发扬以国家民族命运为己任的爱国主义精神,更需要继续发扬以爱国主义为底色的科学家精神。"

钱伟长曾说,他一生当中所有重大选择都是为了祖国的繁荣富强,而他一直强调:"我没有专业,国家需要就是我的专业。"他用毕生报国之路诠释了自己的专业:爱国。爱国更是钱伟长先生治学的根本动力,也是他历尽磨难、无怨无悔、奋斗终生的精神支柱。这就是一种忘我追求真知的精神,为了祖国的强盛而贡献自己毕生才智的精神。

---

① 汤寿根:《"科学精神"溯源》,载《科学与无神论》2007年第4期。

第二章 钱伟长学术成就和科学精神的根基

钱伟长是一位真正的爱国主义者。他的科学救国、献身社会和造福人民的科学精神是他终身奋斗、奔驰不息的不竭动力,也是钱伟长科学精神的根基。

钱伟长曾说:"爱国是我终身不渝的情怀。"他一生志存高远淡泊名利,却始终胸怀民族兴亡的强烈使命感和救国富民的高度责任感。无论是弱冠之年在清华园弃文从理,还是年届不惑放弃国外优越待遇毅然归国;无论是在遭受不公正待遇的艰难岁月里,还是"四害"已除、躬逢盛事、重获工作的权利,钱伟长始终以矢志不渝的爱国情怀为治学动力,按照"一切从国家的需要出发""祖国需要什么我就干什么"这些朴素而崇高的理念去思考和实践自己的科学人生。

1994年4月7日,钱伟长在上海工业大学1993级学生大会上的讲话中提道:"我们那时的年代,是帝国主义占领下的半封建、半殖民的时代,没有你们今天这样得天独厚的优越条件。……外滩公园的门口,就挂着'华人与狗不得入内'的牌子。这是我来上海读书后亲眼见到的。帝国主义者如此欺压我国人民,说到底是我们国家落后,他们有洋枪大炮嘛!我当时读书的目的,就是科学救国。想学习有成后,振兴科学技术,让祖国强大起来,富裕起来,不再受外强们的欺压!"[①]

钱伟长一生之中所有重大的选择都是为了祖国的繁荣富强。在上海大学2005届研究生毕业典礼上,他勉励青年学子要自强不息,先忧后乐,所谓"忧",就是要忧国之所忧、忧民之所忧,把个人价值的实现同国家的强盛、民族的发展和人民的利益结合起来。

钱伟长懂得一个人的生存目的和价值,懂得只有跟人民联系起来,只有跟祖国的命运联系起来,才有自己的发展和进步。钱伟长深深爱着他的祖国,这种精神和行为贯穿了他的一生。

---

① 钱伟长:《谈大学生的学习》,载《钱伟长文集(下卷)》,上海大学出版社2013年版,第1024页。

一、立志科学救国

钱伟长年轻时所处的年代,正是民族危急、家国战乱、人民苦难的时期,因此他的科学思想的焦点集中在科学救国上,而钱伟长的所作所为充分表现了一个爱国青年献身祖国、救亡图存的壮怀,也表现出他可贵的坚强毅力和杰出的聪明才智。

清华大学的求学时期,是钱伟长一生中的关键阶段,使他得到了今后进行科学研究工作的坚实基础。1935年毕业时,他与顾汉章合作的论文《北平大气电的测定》顺利完成,并于该年6月在青岛举行的物理学会年会上宣读。这篇论文中有我国自行测定大气电量的第一批数据,也是他们从事科学工作的"开山之作"。钱伟长在清华跟随叶企孙、吴有训等教授,不仅学到了知识,更重要的是学到了科学精神和治学方法——求真务实、崇尚真理、开拓创新,要善于发现问题、剖析问题和解决问题。

对于这段经历,钱伟长在《八十自述》中写道:"我在大学本科四年中,得了终生难忘的良好教育。当时物理系有吴有训、叶企孙、萨本栋、赵忠尧、周培源、任之恭等六位知名教授,不仅讲课动人,而且同时都刻苦努力在实验室里从事自己的实验研究工作。他们经常工作到深夜。系内学术空气浓厚,师生打成一片,学术讨论'无时不在也无地不在'。有时为一个学术问题从课堂上争到课堂下。到高年级时,有不少同学因为实验工作而以实验室为家。在同学中自学已形成风气。系里经常有研讨会,有时还有欧美著名学者短期讲学,学术访问,如欧洲著名物理学者玻尔(N. H. D. Bohr)、狄拉克、朗之万(Paul Langevin)都在清华讲过学,使同学接触到世界上第一线的问题和观点。在这样环境中成长着我国新一代的物理学者,如王竹溪、彭桓武、张宗燧、葛庭燧、王大珩、钱三强、何泽慧、郁中正(于光远)、傅承义、赵九章、陈芳允、李整武、余瑞璜等都是解放后的学部委员。还有林家翘、戴振铎等是美国科学院院士。那时的清华大学

第二章 钱伟长学术成就和科学精神的根基

物理系可以说盛极一时。我就是在这样的环境下得到了锻炼。"①

在抗日战争之前的近十年时间里,从清华大学物理系毕业的学生总共不过五十余人,但大部分人后来都成为中国物理学各领域研究中的栋梁之材,如核子物理学家王淦昌、钱三强,光学专家王大珩、龚祖同,固体物理学家陆学善、葛庭燧,力学专家林家翘、钱伟长,理论物理学家王竹溪、彭桓武,地球物理学家赵九章,电子学家陈芳允,海洋物理学家赫崇本等。

当时在叶企孙、吴有训带领下的清华物理系科学研究工作蔚然成风,不但坚持民主办学、发挥教授的集体智慧,坚持教学与科研紧密结合,而且重视对外科学交流、学术交流。这些都给钱伟长留下了十分深刻的印象。应该说清华的学风让钱伟长形成了自己的学习观、科学观,也是钱伟长科学精神的基石。

回首100多年的近现代中国历史,有多少中华好男儿以报效国家为使命——鲁迅弃医从文为的是(文学)救国,而钱伟长弃文从理也为的是(科学)救国,还有军事救国的实践者、在《国防论》中首次提出抗日持久战理论的蒋百里,教育救国的力行者陶行知,工业救国的实业家范旭东,农业救国的先驱者费达生,体育救国的倡导者张伯苓,美术救国的艺术家徐悲鸿,音乐救国的作曲家聂耳和冼星海……所有这些有志青年一生事业的选择,都是遵从一个神圣的目标——祖国的需要②。

钱伟长取得清华大学的本科毕业证书之后,"清寒奖学金"的资助随之结束,他必须找到工作或者选择继续攻读研究生。是年夏天,丁西林任所长的中央研究院南京物理所招收一名实习研究员,钱伟长得知消息随即前往应考,果被顺利录取。同时,他还考取了清华研究院物理系的研究生,很幸运地以考研究生的优异成绩申请到"高梦旦奖学金",在此资助下钱伟长选择了

---

① 钱伟长:《八十自述》,载《钱伟长文集(下卷)》,上海大学出版社2013年版,第971页。
② 刘加临:《赤诚丹心的爱国科学家》,二十一世纪出版社,2015年版,第13页。

攻读研究生,在物理系继续学习。此后,他便在吴有训教授指导下,从事X光衍射研究。

1935年是风起云涌的一年,也是钱伟长经历丰富、难以忘怀的一年。那一年,钱伟长的研究生生活开始不久,一二·九运动爆发了。当时,钱伟长已成为清华大学学生救国会的积极分子,他对于反动政府的"不抵抗主义"感到深恶痛绝,因此,他加入了学生游行队伍,顶着呼啸的寒风随着人流走向市区,被反动军警阻遏于西直门外;12月16日,他再次投身于示威的人流,"一二·一六"示威活动以后,钱伟长和高葆琦(后改名高原)、彭平[①]、徐煜坚、伍崇让、吴瀚等十几位同学,发起组织了"清华自行车南下宣传队"。他们于1935年12月26日,由清华园出发,组成自行车南下宣传队,一路发动群众参加抗日救亡运动。

钱伟长等十余名志士骑自行车去南京请愿抗日的举动曾震动全国,应该说钱伟长是"清华自行车南下宣传队"的积极倡导者和参与者,也是一二·九运动时清华学生代表之一。

戴世强在《钱伟长小传》[②]中有过这样的描述:"最使钱伟长震惊的是当时满目疮痍、贫穷落后的中国农村状况:一家母女合穿一条裤子、一个大村中匀不出几条棉被,人们吃糠咽菜,路有饿殍。尽管他出生在江南农村,但仍未想象到国家凋零破败到如此地步!最使钱伟长受教育的是民众的抗日救亡热情。他们在所到之处,倍受欢迎,不但普通的学生、百姓拥护抗日,连他们在徐州至蚌埠途中偶遇的绿林好汉也赞助他们,自愿护送他们这批爱国学生南下。最使钱伟长愤慨的是反动当局的倒行逆施。到达南京之后不久,他们就落入特务布置的罗网,全体被武装押解回北平,反动派竟剥夺了他们宣传抗日的正当权力!在北上列车上,钱伟长悲愤地思索着:'难道爱国也有罪吗?中国的出路在哪里?'"

[①] "一二·九"运动时清华学生领袖之一,解放后他在北京市共青团委工作。
[②] 戴世强博文,http://blog.sciencenet.cn/blog-330732-351785.html,1986年1月初稿,1986年5月定稿。

钱伟长在《八十自述》中回忆:"1935年冬,在日军入侵华北的压力下,北京以及全国学生掀起了一二·九运动,我参加了1935年冬季'一二·九'和'一二·一六'两次北京抗日救亡大游行,参加了1935年12月25日到1936年1月15日的清华大学南下自行车宣传队和1936年2.29、3.18、5.4、6.13、12.12等多次游行示威活动,也加入了民族解放先锋队、海燕歌咏团等中共党的外围组织,激发了爱国热情和加强了对中国共产党的认识和感情。那时,公开参加学生抗日救亡运动的,在研究生中只有我和林风(化学系研究生)两人。"①

此后,在反对美国扶植日本侵略势力复活的爱国运动中,钱伟长与吴晗、张奚若等著名教授一起,联合110名教职员工发表声明:"为反对美国政府的扶日政策,为抗议上海美国总领事卡宝德和美国驻华大使司徒雷登对中国人民的诬蔑和污辱,为表示中国人民的尊严和气节,我们断然拒绝美国具有收买灵魂性质的一切施舍物资,拒绝购买美援平价面粉,一致退还配购证。"②掷地有声的严正声明,表达了不屈的中国知识分子崇高的爱国情怀和铮铮铁骨。

1948年,解放军逼近北平。钱伟长一方面积极支持老岳父孔繁霱先生北上京师动员傅作义起义,一方面积极参加护校斗争,与护校委员会的其他同志一起每天值夜守卫巡逻,动员师生保卫学校。12月23日,当解放军追击国民党溃兵时,流弹落进了清华园。钱伟长配合党的地下组织的工作,在流弹的呼啸声中,镇定自若地教授"射击弹道的计算"。解放前夕,钱伟长和同事一起出城寻找解放军进城工作组驻地,汇报了学校的情况和缺粮的困难,在荣高棠、钱俊瑞、叶剑英和陶铸的帮助下,还为清华师生解决了粮食问题。

为国家的需要而奋斗,永远是钱伟长毕生的追求。责任感与使命感

---

① 钱伟长:《八十自述》,载《钱伟长文集(下卷)》,上海大学出版社2013年版,第973页。
② 清华大学校史研究室编:《清华大学九十年》,清华大学出版社2001年版,第153页。

让他历经战争的苦难、政治的厄运、事业的一次次挫折,在钱伟长眼里,科学能够改变人生,也能改变国家、社会,科学技术是强国的基石,爱国是他终生始终不渝的情怀。

二、为爱国留学,归国为报国

"天下有道,以道殉身;天下无道,以身殉道。"中国这种以社稷为重的传统文化深深地影响着各代留学生的人生观。为发展工业、建立现代科技体系、传授先进知识、推动社会进步、增强国力而学习和奋斗,成为历代留学生心心相印的奋斗目标。不同于第一代留学生的"洋务救国梦"、第二代留学生的"革命救国梦",以"三钱"为代表的第三代中国留学生群体,他们的梦想则是"科学救国""科技强国"。

对于留学,钱伟长曾说:"一个世纪以来,我们国家为什么会出现一个又一个留学高潮呢?这反映出一种民族意志。我们的民族只要一开门就发现,我们已落后于当时的时代,而我们又决不甘心落后。记得当年我们出洋的时候,好些人都立过誓言,说凡我们每人出去所学的那门学科,回国后国家就再不用派人去学习。我们都有鲜明的目的,留学是为了将来无须再留学,并非为了拿一张绿卡,当'假洋鬼子'。"①

钱伟长还曾说过:"其实我出国,绝对不是为了自己、为了家庭,而是为了国家,我是想学科学、走科学救国的道路。"②

谈镐生在钱伟长九秩华诞时曾著文回忆:"我与伟长先生的相识、相知可追溯到半个多世纪之前。1946年初我赴美留学,2月间到了加利福尼亚理工学院的喷气推进研究室(JPL),那时在Theodore von Kármán教授周围可谓人才济济,特别是集中着几位出类拔萃的中国青年学者:钱学森、

---

① 钱伟长:《关于中国留学生的一点历史反思》,载《钱伟长文集(下卷)》,上海大学出版社2013年版,第728页。
② 钱伟长:《怀念钱穆先叔——钱穆宾四先叔逝世十周年忆养育之恩》,载《钱伟长文集(下卷)》,上海大学出版社2013年版,第1268页。

钱伟长、郭永怀、林家翘等等,我很快就与他们熟悉了。青年钱伟长给我留下了很深的印象,他当年风华正茂,那双大眼睛不时闪着智慧的光芒,其时已经在弹性板壳理论、柱壳扭转理论及航空航天技术方面做出了引人注目的成绩。我们不久就成了无话不谈的好朋友。"①

"除了切磋学问之外,我们也经常议论国内外大事,我折服于他那种直言不讳的性格。我认识他以后几个月,在一次促膝长谈中,他悄悄地告诉我,他想回国效力,我当时确实有点惊讶,因为他当时已在JPL有了相当稳固的职位,收入不菲,而且Theodore von Kármán教授相当赏识他,回国就意味着丧失已取得的优裕地位。但他立意已决,明确表示不愿意继续'为他人做嫁衣裳'。他对我说:'现今国内力学界杰出的人才较少,而富国强民又离不开力学。我回去正好可以开拓祖国的力学事业,乃至航空事业。'于是,他以回国探亲为名,取得了von Kármán的同情,又制造了请假短期回国的种种假象,毅然决然回到了祖国。现在想来,当时的青年钱伟长的确表现了巨大的爱国热情,以后的事实也表明,他是一个真正的爱国主义者。"②

尽管明知在当时的国民党统治下,回来不会有什么好出路;尽管在国外获得了好的工作条件,过着优裕的生活,但钱伟长还是毫不犹豫地回来了。因为他"不相信落后的中国不能改变",他说,"我们不改变它,谁改变它呢?"而在历经磨难后的岁月中,钱伟长仍然胸怀祖国,志在报效,他的理念是"国家至上",凡事以国家利益为前提,把个人得失和暂时困难抛在一边。

钱伟长曾说③:"我们承认落后,不甘落后,决心要解决落后的问题,

---

① 谈镐生:《祖国力学事业辛勤的耕耘者——恭贺挚友伟长先生九秩华诞》,载《力学进展》2003年第1期。
② 谈镐生:《祖国力学事业辛勤的耕耘者——恭贺挚友伟长先生九秩华诞》,载《力学进展》2003年第1期。
③ 钱伟长:《关于中国留学生的一点历史反思》,载《钱伟长文集(下卷)》,上海大学出版社2013年版,第728页。

所以宁愿牺牲在国外的舒适生活。""我们出国留学的同志,总千万不能忘记自己的民族责任,要在学成归国后,为国家作出各方面的贡献。"他说作为一个公民,最重要的是对我们的祖国有责任感,要理解一条:没有祖国就没有任何个人的出路,我们的民族若没有那么一批人敢于把国家的责任挑起来,用全部精力来为国家和民族工作,我们这个民族就会永远被人欺负。

决然放弃国外取得的成就回国,多年以后在各自领域取得硕果的大师们从未后悔过当年的选择。钱氏宗族"利在一身勿谋也,利在天下必谋之"的古训,在他们每一个人的身上都深深地植入。国家利益在他们心中的分量远高于个人得失。

一个人生存的价值和信念,就在于国家的富强和振兴——这也正是钱伟长自强不息的精神和永不消灭的斗志的不竭源泉。多舛的命运,磨炼了钱伟长坚忍不拔的意志;再坎坷的磨难,也消蚀不了他的那颗赤子之心。

三、与师生谈爱国——先忧后乐

"我没别的要求,我希望国家强大起来,强大要力量,这力量就是知识",钱伟长的这句话,与17世纪英国杰出哲学家弗兰西斯·培根"知识就是力量"的观点是一致的。知识,是人类智慧的最高贵成果,是物质财富的源泉,人类文明的基本要素。钱伟长的一生,就是不断刻苦努力学习各种知识,用知识来爱国、强国的一生。

钱伟长曾对师生们说,"我们中国青年应当有远大的理想和抱负,应当用高尚的思想去指导自己的工作和生活。我们承认现在社会上还有许多不公平的事情,对此,我们不能光抱怨这个社会有问题,我们自己同样有责任。我们的民族若没有那么一批人敢把国家的责任挑起来,用全部精力为国家和民族工作,我们这个民族就会永远被人欺压。"

2005年夏天,钱伟长在出席学生毕业典礼时提出:"上海大学的校训光'自强不息'四个字还不够,还要加上'先天下之忧而忧,后天下之乐而乐'。天下就是老百姓,百姓之忧、国家之忧、民族之忧,你们是否放在心上?""我将'先天下之忧而忧,后天下之乐而乐'送给毕业生,面对当前不少年轻人人文精神缺失和思想道德水准下滑,我想这句话对责任重大之教育界尤为适用。"

虽然那时钱伟长已是92岁高龄,可他依然关注着青年们的成长。他看到某些青年学生比较浮躁,学习的时候急功近利,只挑"有用"的学,不注重全面学习和自身修养的提高,缺乏责任意识和忧患意识,导致人文精神的缺失和思想道德水平的下降。他语重心长地说:"这对于国家的发展和民族的振兴都是非常危险的。"

他提倡青年学生不要把自己局限在教室内和书本上,应该多深入基层,多掌握第一手资料,把国家、人民的需要作为自己奋斗的目标。这样才能发挥自己最大的潜能,才能更好地实现自己的价值。

他同时还提出:"作为教育工作者,我们不能把分数作为衡量学生好坏的唯一标尺。须知一个国家固然需要天才,可教育的目标并不是培养天才,而是要培养合格的公民,造就大批合格的社会主义建设者和未来接班人。我们应该培养学生自学的能力,让学生在实践中磨炼自己。"

钱校长反复提醒教师和学生,要关心祖国的前途、人类的命运。他说:"这不仅仅是思想政治工作的要求。不思考大事的人,不可能进行最有价值的创新,不可能进入学科的主流,更不可能占据学科主流的主导地位,培养出来的学生,也不可能为中华民族复兴的伟大事业而奋斗……为此,树立远大的志向是青年学子的首要任务。"

2004年,钱伟长在访问南京航空航天大学时勉励师生一定要多动脑筋,想出问题,一切问题都可以想,要不断地想出问题,想的问题越多越好。思想要活跃,不要停下来。钱伟长说,虽然自己的腿脚不能动了,但是脑子一直在动。他告诫南航师生不要偷懒,思想要劳动,要想出结果,为国家富强做贡献。他还提到,研制耐高温材料是中国航天技术的一项重要课题,我们需要好好研究。我们中国的研究不能光用人家的技术和设备,更要自主创新,人家会的我们要会,人家不会的我们更要会!

钱伟长95岁的时候还在忙着干一件"大事"①:给苏州中学的同学回信。正在开展"向院士学习"的高中生们专门把自己的班命名为"钱伟长班",他们希望听到来自钱老的教诲。钱伟长的秘书说:"不管多忙,不管身体状况是否允许,这样的信他是一定要回的。"因为,在钱伟长心里,没有比教育更重要的事情,学生总是他最大的牵挂。秘书已经按照钱伟长的意思给学生拟好了回信,写满了整整两页A4纸,信里说:"希望学生从活动中学到院士的精神,学到忧国忧民、祖国至上的品质,自强不息、安贫乐道的气节,探索真理、勇攀高峰的锐气。"

钱伟长是一个彻底的爱国者,爱国主义是贯穿他漫长人生的红线。他在人生抉择的六个关口,都以爱国主义为准绳毫不犹豫地做出了正确的选择。无论在顺境还是在逆境,他的热爱祖国的拳拳之心从未改变。"反右"之后的26年,他承受了各种屈辱和磨难,但报国之情矢志不渝。80年代初,国内盛传钱伟长已移居国外,他一笑置之,他说:"我从来没这么想过,我要是有这个想法,1946年就不会回来。我是中国人,决不会离开哺育我成长的伟大的祖国。我的岗位在这里!"有人问起这些年他对所遭受的不公正待遇的想法,他说:"祖国是我们的母亲,哪有母亲不爱自己的子女的?你能说母亲错打你几下屁股,你就记恨了吗?天下没这个事情。我们对祖国对人民的责任感就应当是永恒的。"从中可以看出他热爱祖国的赤子之心!

总而言之,钱伟长一生矢志不渝地怀着对祖国、对人民火热的赤子情。钱伟长的爱国情怀正是他科学研究事业的原始动力,也是他科学精神的根基。

---

① 钱伟长:《弃文从理六十余载报国路》,载《文汇报》2010年7月30日。

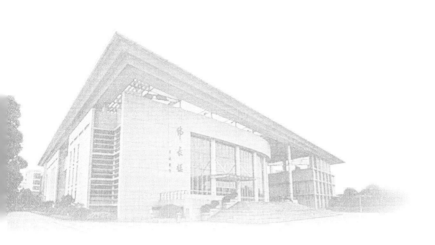

第三章　钱伟长勇于开拓的创新精神

第一节　板壳内禀理论研究及博士论文中的创新[①]

华罗庚曾经说过:"研究科学最宝贵的精神之一,是创造的精神,是独立开辟荒原的精神,科学之所以得有今日,多半是得力于这样的精神,在'山重水复疑无路'的时候,卓越的科学家往往另辟蹊径,创造出'柳暗花明又一村'的境界。所以独立开创能力的培养,是每一个优秀科学家所必须具备的优良品质之一。"[②]

浏览钱伟长的科技著作,可以发现很多创造性的闪光点,始于"山重水复疑无路"时候的另辟蹊径。如果按钱伟长自己提出的标准来衡量的话,他的工作可以说是用了新理论解决了新问题,当属力求创新的第一流工作。

在学术研究中,钱伟长尊重学术前辈而不盲从,强调:"不要去呕别人的唾沫","遇到问题要独辟蹊径,尽力用新观点、新方法去解决新问题"。钱伟长的博士论文《弹性薄壳的内禀理论》,首次将弹性板壳的宏观理论和微观理论统一起来,使之进一步完善,这也使得钱伟长继续深入研究板

[①] 此节未注明出处部分引用及参考程昌钧教授的《钱伟长先生对我国力学和应用数学的贡献》(《力学进展》2010年第5期)。此处引用已取得作者同意。
[②]《华罗庚科普著作选集》,上海教育出版社1984年版,第258页。

壳内禀理论，并取得了突出的创新成果。

一、板壳内禀理论研究

1941年5月11日，国际力学权威、美国加州理工大学喷射推进研究所所长冯·卡门教授60华诞，国际科学界出版了一部科学论文集为其祝寿，就在这部论文集中，收有一篇署名"辛格、钱伟长"的论文《弹性板壳的内禀理论》。钱伟长的成果和他老师辛格有关板壳宏观方面的论述，在理论上被公认为弹性力学的经典之作；在实践上解决了长期以来困扰工程师们在设计器件、结构物时有关板壳的计算问题。

薄板和薄壳在工程和技术中是一类应用广泛的结构元件。1940年以前，关于板壳的理论已经取得了不少进展，但也存在一些问题，主要有：

（1）所有的理论都是根据先验的克希霍夫-拉夫假设（通常称为直法线假设）来建立的，并给出由中面的三个位移分量（u，v，w）所满足的三个平衡微分方程；

（2）薄板和薄壳理论是分开来处理的，特别是壳体问题，根据其几何特征的不同，采用不同的坐标系来建立各自的壳体理论，没有一个统一的适合各种形状的板壳理论；

（3）板壳理论中的各种近似是混乱的，还没有一种系统的简化与近似方法。

为了克服板壳理论中的这些缺陷，钱伟长在1941年到1944年建立了一种系统的精确理论，并给出一套统一的近似方法，使得从这一理论出发，根据不同的实际情况，进行不同的简化和近似，可以得到适合于各类板壳问题的理论。板壳的内禀理论主要由五篇论文组成，其中第一篇论文是由钱伟长与辛格联合发表的，是内禀理论的基础与核心。钱伟长早在昆明联大读研究生期间（1938—1940）就开始了对板壳精确理论的研究，他提出了以三维弹性力学的应力满足的平衡方程为基础，引入应力应变关系，来导出应变分量表示的壳体应力满足的单元的平衡理论。在该理论中，钱伟长采用了一种全新的坐标系——以中面为基础的拖带坐标系（Comoving coordinates）(x^0, x^1, x^2)：在变形前，中面为$x^0 = 0$，(x^1, x^2)为中面上点的坐标，中面以外各点的坐标为(x^0, x^1, x^2)，并称之为以中面为基础的高斯坐标系，其中(x^1, x^2)为垂直于中面的法线与中面交点的坐标。在变形中，由于坐标系随着板壳一起变形，因此，已变形物体上各点的坐标(x^0, x^1, x^2)是不变的。基于这种拖带坐标系，钱伟长定义的应变张量e_{ij}为坐标系(x^0, x^1, x^2)在变形后的基本张量$g_{ij}(x^0, x^1, x^2)$与变形前的基本张量$g'_{ij}(x^0, x^1, x^2)$之差的一半，而e_{ij}满足的协调方程是由曲率张量$\hat{R}_{jikl} = \hat{R}'_{jikl} = 0$的条件来得到的。这是一组新的协调方程，与以往的板壳理论是不同的。在中面上$(x^0 = 0)$，引进两个张量$p_{\alpha\beta} = (e_{ij})_{x^0=0}$，$q_{\alpha\beta} = (e_{ij,\,x^0})_{x^0=0}$，其中$p_{\alpha\beta}$，$q_{\alpha\beta}$（$\alpha$，$\beta = 1, 2$）称为中面的拉伸变形张量和弯曲变形张量。这六个未知量$p_{\alpha\beta}$，$q_{\alpha\beta}$是内禀理论的基本未知量，它们满足的三个相容方程可由曲率张量满足的条件$\hat{R}_{jikl} = \hat{R}'_{jikl} = 0$得到，而另外三个方程可由三个平衡方程得到。由此可得到两个张量$p_{\alpha\beta}$，$q_{\alpha\beta}$满足的张量方程式。

其实，早在1938年钱伟长在西南联合大学执教时就注意到现代制造的各种器物中，有着各种各样的金属平板和金属壳体。各种器物在使用过程中要经受不同的载荷，并要遭遇不同外力的撞击，因此工程师们，在设计时，必须考虑所制造的器物在承受载荷和可能遇到外力撞击时，保持平衡和稳定，这就需要对器物的面、体进行精确计算。器物一般由板壳制成，当时对弹性薄板与弹性薄壳一般都是分开计算的。弹壳薄板计算起来比较容易，19世纪初就有了统一的方程式。弹性薄壳有柱壳、锥壳、球壳、环壳、旋转壳等多种形态，计算起来就比较复杂，当时没有一个统一的方程式，而是根据不同的壳体，采用不同的方程式，各种不同的方程式又是由不同学派和学者给出的。

能不能从这些繁杂的计算中找到一个规律，形成一个统一的方程式来计算不同的弹性薄壳壳体呢？钱伟长产生了这样的想法并进行研究，当时，进行这方面研究的学者一般多按板或壳的二维单元为基础，以宏观内力素的平衡方程为出发点,研究板壳的静力平衡条件,根据一种定律决定应变应力关系,求得平衡微分方程。钱伟长经过苦苦思索和再三研究,以三维微元体平稳方程为出发点,研究板壳的静力平衡条件,把板壳内所有各点的应力和应变都用中面内的三个应变分量和曲率变形分量来表示,这样初步得到了各种板和壳统一的近似方程。

在这一初步研究成果还没有进一步完善之时,钱伟长考取了中英庚款第七届公费留学,1940年9月进入加拿大多伦多大学应用数学系学习。当他第一次与导师辛格见面时,辛格得知他正在研究薄板薄壳的统一方程便非常高兴,并对他的研究取得的初步成果表示肯定,辛格还告知钱伟长,他正在从宏观上进行这方面的理论研究。

之后,钱伟长将两人的宏观和微观两个部分的研究合成一篇论文,并由他写成初稿、辛格修改后发出,经冯·卡门60寿辰纪念论文集编委会审定刊出。钱伟长到多伦多大学只有几个月,就取得了硕士学位,第二年11月,就通过了博士论文答辩,第三年(1942年)10月获得了博士学位(当时加拿大教育部门规定博士生入学后至少两年才能授予博士学位),在留学人员中能在两年时间内连续取得硕士、博士学位,在当时还是少有的。

作为内禀理论的"微观"理论的继续,并把这种思路贯彻始终,钱伟长对薄板和薄壳问题进行了更加系统和深入的研究,并将薄板视为薄壳的一种特殊情况。首先视材料为均匀各向同性的线性弹性材料,并将应力和应变分量沿厚度方向展成x^0的泰勒级数,把它们代入三个协调方程和三个平衡方程,可得到六个待定量$p_{\alpha\beta}$,$q_{\alpha\beta}$(α,β = 1,2)满足的微分方程组。一旦这些量被得到了,则板壳内各点的应力应变以及内力素都可以由相应公式得到。和通常的板壳理论不同,在内禀理论的所有这些方程中均不包含位移分量u_i(i = 1,2,3);同时未知量和方程均是用与中曲面有关的内在张量$p_{\alpha\beta}$,$q_{\alpha\beta}$来表示的,所以内禀理论适合于各种不同的坐标系及各种不同形状的薄壳和薄板问题。

当把内禀理论应用于薄板问题时,由于这时中面为平面,可得到$p_{\alpha\beta}$,

$q_{\alpha\beta}$ 满足的六个微分方程。在此基础上,根据板的厚度为小量的假设可对薄板问题进行系统性分类。为此,钱伟长引入了小参数 ε,使得板的厚度可表示成 $2h=2\varepsilon\bar{h}(x^1,x^2)$,其中 $0<\varepsilon<\varepsilon_1$,$\varepsilon_1$ 为小量。在小应变的情况下,将作用于板的外力也展成 ε 的幂级数,并令 $p_{\alpha\beta}=\sum_{s=p}^{\infty}=p_{(s)\alpha\beta}\varepsilon^s$,$q_{\alpha\beta}=\sum_{s=q}^{\infty}=q_{(s)\alpha\beta}\varepsilon^s$,$p>0$,$q\geqslant 0$。将外力、$p_{\alpha\beta}$ 和 $q_{\alpha\beta}$ 的展开式代入 $p_{\alpha\beta}$,$q_{\alpha\beta}$ 满足的微分方程,比较 $p_{\alpha\beta}(s)$,$q_{\alpha\beta}(s)$ 和 h 的量级的相对大小,取出主部,可得不同类型薄板问题的相应方程组。根据 (p,q) 的不同组合对薄板问题进行分类,共得到12类(即 $P1$–$P12$)薄板问题,即:

(1)有限挠度问题,$P1$—$P3$ 类,它们是 p 轴上的五点,且有 $q=0$,$p=1$;$q=0$,$p=2$;$q=0$,$p\geqslant 2$。

(2)小挠度问题,$P4$—$P8$ 类,它们相应于
$q\geqslant 1$,$p=1$;$q=1$,$p=2$;$q\geqslant 1$,$p=2$;$q\geqslant 1$,$p\geqslant q$。

(3)小小挠度问题,$P9$—$P11$ 类,它们相应于 $q\geqslant 2$,$2q\geqslant p\geqslant 2$。

(4)零挠度问题,$P12$ 类,它相应于 $q=\infty$。

通常的广义平面问题、拉格朗日-克希霍夫小挠度理论、卡门"大"挠度理论、薄膜问题均可分别由 $P12$、$P11$、$P5$ 和 $P4$ 导出,而有限挠度问题 $P1$—$P3$ 是一大类新的薄板问题,它们是特别有意义的,是在分类过程中新发现的。

对于薄壳问题,由于中面为曲面,故除了厚度 h 和中面特征尺寸 L 之外,还有曲率半径。令 ε 是壳体厚度 h 对于中面特征尺寸 L 之比,当 $L/R=O(\varepsilon^b)$ 阶时,其中 R 为最小曲率半径。若 $b\geqslant 1$,称薄壳具有 b 阶的小曲率,若 $b=0$,则称薄壳具有有限曲率。这样与薄板问题相类似,可按 (p,q,b) 的组合对薄壳问题进行系统性简化与分类。每一类都具有各自的平衡方程和协调方程,共得到35类不同的壳体问题,即:

(1)具有有限曲率($b=0$)的薄壳问题,有8类,即 $SF1$—$SF8$;

(2)具有阶 $b\geqslant 1$ 的小曲率薄壳问题,有27类,即 $SS1$—$SS27$;

（3）在27类中，有11类等价于薄板问题，其特征为 $q < b$；

（4）当 $b = 1$ 时，$SS12$ 和 $SS27$ 是特别重要且具有实用价值的，并且是两类新的薄壳问题。

虽然35类壳体问题中有些是已有的，但也得到一些过去未曾研究过的新的壳体问题，其中尤以浅壳 $SS12$ 类方程最为重要，并具有广泛的应用。例如，冯·卡门和钱学森在1939年和1941年所研究的柱壳受轴向压力作用及球壳受外压力作用的局部失稳均可看成浅壳大挠度问题，即 $SS12$ 型问题。当把 $SS12$ 类问题的方程应用于圆柱浅壳和浅球壳时，可分别得到圆柱浅壳和浅球壳的非线性方程组。特别是当圆柱壳的半径充分大时，相应的方程可化为薄板的卡门大挠度方程。1958年8月，海洋结构力学第一届研讨会在美国斯坦福大学召开，研讨会出版了由诺曼·哥地尔（J. Norman Goodier）和霍夫（Niehstas J. Hoff）主编的《结构力学》论文集，在该论文集中发表了冯元桢（Y. C. Fung）和赛史勒（E. E. Sechler）的《弹性薄壳稳定性》一文，文中称钱伟长的浅壳方程为"钱伟长一般方程"、而称浅圆柱壳为"钱伟长方程"、"圆柱壳的钱伟长方程"。

二、博士论文中的创新

板壳的内禀理论发表之后受到弹性力学、应用数学及纯数学界的重视。自1944年论文发表以来，至1989年，已被引用100多次。瑞斯（R. L. Reiss）、X. M. 莫施塔里（Мущтари）、伏耳米尔（A. C. Вольмир）等人都曾在20世纪50—60年代研究和引用过。钱伟长先后应邀在加拿大及美国各地高等学校和有关学术会议上作过多次学术报告。迄今为止，人们对"内禀理论"仍评价很高。例如，1973年，荷兰埃因霍温（Eindhoven）工业大学工程力学教授鲁登（Harry S. Rutten）在他的名著《以渐近近似为基础的壳的理论和设计》中多次推崇"内禀理论"，在该书的第14页上这样写道："辛格和钱伟长的工作，继承了19世纪早期柯西（A. Cauchy）和泊松（S. D. Poisson）的工作，在西方文献中重新

注入了新的生命力。"书中还指出:"辛格和钱的工作是三维理论的基本工作,仅用力学状态的内禀应力和应变,严格地从三维理论导出了任意形状的板壳都适用的非线性方程。这里在各向同性的假设下,把应力和应变分量按厚度方向的坐标展成泰勒级数,近似的二维方程只有六个基本待定量,三个代表中面拉伸应变,三个代表中面弯曲应变,这是辛格和钱工作最重要的特点。"1982年8月,在上海召开的国际有限元会议上,担任执行主席的美国人加拉格尔(R. H. Gallagher)在向大会介绍钱伟长时说:"钱教授有关板壳统一内禀理论的论文,曾是美国应用力学界研究生在40—50年代必读的材料,他的贡献对以后的工作很有影响。"受这些论文的影响,在20世纪60年代还发表了不少有关三维理论的边界效应的文章,其中较为有名的有格林(A. E. Green)、赖斯纳(E. Reissner)、瑞斯(E. L. Reiss)、薛卡拉(P. Cicala)等人的工作。

1990年以后,钱伟长沿袭板壳内禀理论的思路,又建立了一种不用克希霍夫假设的板壳理论并取得若干成果。因此,可以认为板壳内禀理论是20世纪力学学科领域中最重大的一项研究成果。

第二节　两个主要学术创新——圆薄板大挠度问题、广义变分原理

一、圆薄板大挠度问题[①]

圆薄板大挠度问题是一个典型的非线性问题。1947年以前，基于Kirchhoff-Love假设的薄板小挠度理论，在各种外载荷和边界条件下，已得到了许多问题的解，但是冯·卡门1910年提出的薄板大挠度方程长期没有找到好的求解的方法，只有两个问题被研究过，即1934年，S. Way求解了具有大挠度的圆板弯曲问题，他给出了问题的幂级数解[②]；1942年，S. Levy 则给出了具有大挠度的矩形板弯曲问题的三角级数解[③]。这两种解都需要用数值方法求解无限多个系数的非线性方程组，而且收敛速度太慢。所以早在1940年，冯·卡门就提出需要一种工程师能够运用的解法来求解圆薄板大挠度问题。

[①] 此节未注明出处部分引用及参考程昌钧教授的《钱伟长先生对我国力学和应用数学的贡献》(《力学进展》2010年第5期)。此处引用已取得作者同意。
[②] S. Way, Bending of circular plates with large deflection, Appl. Mech. 1934, 56: 627–636。
[③] S. Levy, Bending of rectangular plate with large deflection, NACA Report, 1942, No.737。

钱伟长于1947年发表的《固定圆薄板在均匀压力作用下的大挠度问题》的文章达到了冯·卡门的这一要求。在该篇文章中,钱伟长用中心挠度作为摄动参数(小参数),利用摄动方法得到了问题的摄动解,并且,摄动的幂次越高,解也越精确,与S. Way的幂级数方法相比它具有更简单的形式,而且这个方法也可以推广到任意其他的边界条件。文章将这个方法得到的解与1942年由Mcpherson等人所完成的实验结果进行了比较,是相吻合的,[①]因此也成为1910年冯·卡门提出卡门非线性方程后获得的第一个与实验接近的解析解。在有了电子计算机之后,叶开沅的一个博士研究生用S. Way的级数解法进行了计算,与这些数值解法相比较,钱伟长用解析法手算所达到的精度以及方法的巧妙都是令人赞叹的,他在正则摄动理论方面创建的以中心挠度为摄动参数作渐近展开的摄动解法,国际力学界称之为"钱伟长方法"。

1948年,钱伟长又研究了当挠度很大时,固定圆薄在均匀压力作用下的渐近特性。这个解的基础是1915年H. Hencky给出的薄膜解,但是Hencky的薄膜解与实验有4%的误差,而钱伟长的解与实验则有很好的符合。长期以来,人们都把Hencky薄膜解看成是挠度很大时,圆板大挠度问题的一级近似解,这个解只满足固定边界挠度为零的条件,但是不满足转角为零的条件。钱伟长认为这里存在边界层效应,即在边界附近区域内,挠度很大,它与转角不再是同一数量级,要弄明白在这个区域内解的变化,必须采用"放大镜"或者"显微镜"。他还认为,为了求解,不能采用通常的摄动法(正则摄动法),而应该采用另外的方法。钱伟长的做法是:首先把Hencky的薄膜解称为外场解,它除了不满足夹紧边界转角为零的条件外,是在挠度很大的情况下满足夹紧边界位移为零的,并全场适用的解。同时,他把边界法向的尺度放大,设立边界内层坐标,以无量纲中心

---

① A. Mcpherson, W. Ramberg and S. Levy, Normal pressure tests of circular plates with clamped edges, NACA Report, 1942, No.744.

挠度为尺度参数,并以此量进行摄动展开,称之为内层解。最后,以不同尺度的外场解和内层解叠加在一起来逐级满足固定边界条件以此研究边界层效应。也就是说,钱伟长对Hencky的薄膜解进行了修正,解决了边界转角为零的问题,从而发展了Hencky的薄膜解。展开式中既有无量纲中心挠度的正幂次,也有负幂次,所以称为奇异摄动法。那时国际上并没有奇异摄动理论的名词,因此,这个解也是国际上最早涉足奇异摄动理论的少数几篇文章中的一篇。1982年,武汉大学的周焕文把这种方法称为合成展开法。直到1956年在国际上才看到Bromberg和其他学者采用合成展开法求解了相同的问题[1]。钱伟长用合成展开法求解弹性圆薄板大挠度问题,比国际上同类工作领先了8年。

20世纪50年代初,钱伟长、叶开沅等曾在清华大学召开薄板大挠度问题的研讨会,就是以"钱氏摄动法"为主题的一次研讨会,其成果发表于1954年由中国科学出版社出版的《弹性圆薄板大挠度问题》论文集。后来,钱伟长、叶开沅又计算了多种载荷和边界条件下的圆薄板和矩形薄板大挠度问题,参加了1956年在布鲁塞尔举行的第9届国际理论和应用力学大会,有关论著于1957年由莫斯科译文出版社译成俄文。此后,潘立宙在1957年和美国人纳什(W. A. Nash)(国际非线性力学杂志主编)在1959年分别用此法求解了椭圆板大挠度问题。胡海昌发现用中心挠度作摄动参数在计算集中载荷和均布载荷联合作用下的圆薄板大挠度问题时,可能会遇到中心挠度为零的困难,1980年,钱伟长和黄黔用均方根挠角作摄动参数顺利解决了这个困难。1985年,钱伟长与陈山林发表了《合成展开法求解圆薄大挠度问题》的文章,该文采用中心最大无量纲位移为参数进行摄动展开,提高了收敛速度,同时所有的边界条件都在各级近似中跨级满足,提高了结果的可靠性。这是用合成展开法求解圆薄大挠度问题的一种新尝试,也使圆薄板大挠度问题的研究工作得到了进一步的改进和完善。

---

[1] E. Bromberg, Communication on Pure and Applied Mathematics, 1956, 9: 633–656.

钱伟长有关圆薄板大挠度问题的研究工作和相应的求解方法,都是开创性工作,曾于1955年获得国家自然科学二等奖。

二、广义变分原理及其在有限元计算中的应用[①]

钱伟长对广义变分原理的研究是另一项享誉世界的成就,这些广义变分原理为相应的有限元方法奠定了理论基础,而后者在科学技术领域中的许多问题的数值求解中有着非常重要的作用。在这方面,可以说国际上有两个学术中心的工作特别引起各国学者的注意,一个是美国麻省理工学院的E. Reissner、鹫津久一郎、卞学鐄等人,另一个就是清华大学的钱伟长、胡海昌等中国学者。

为了说明问题,这里仅以线性弹性力学静力学问题为例,来说明钱伟长广义变分原理的思想。

众所周知,线性弹性力学静力学问题归结为求位移 u_i、应变 ε_{ij} 和应力 σ_{ij} 等15个未知变量的如下边界值问题的解,即:

$$\sigma_{ij,j} + f_j = 0 \quad V 内 \tag{1}$$

$$\varepsilon_{ij} = \frac{1}{2}(u_{i,j} + u_{j,i}) \quad V 内 \tag{2}$$

$$\frac{\partial W}{\partial \varepsilon_{ij}} = \sigma_{ij}, \frac{\partial W^c}{\partial \sigma_{ij}} = \varepsilon_{ij} \quad V 内 \tag{3}$$

其中,$W(\varepsilon_{ij})$ 和 $W^c(\sigma_{ij})$ 分别为弹性体 V 的应变能和余应变能密度,并且 $W(\varepsilon_{ij}) + W^c(\sigma_{ij}) = \sigma_{ij}\varepsilon_{ij}$。边界条件为:

$$S_\sigma: \sigma_{ij}n_j = \overline{X}_i \tag{4}$$

$$S_u: u_i = \overline{u}_i \tag{5}$$

[①] 此节未注明出处部分引用及参考程昌钧教授的《钱伟长先生对我国力学和应用数学的贡献》(《力学进展》2010年第5期)。此处引用已取得作者同意。

并且弹性体V的表面$S = S_\sigma + S_u$。其中,(1)—(3)分别是平衡微分方程、应变位移关系和应力应变关系,而(4)和(5)分别为给定表面力和表面位移的边界条件。但是求这15个变量的边界值问题的解一般是非常困难的,因此人们往往采用另外一条更方便、更有效的途径来求解,那就是变分原理。在弹性力学中,最基本的变分原理就是最小势(位)能原理和最小余能原理。在这个过程中,首先需要建立自变函数满足的某一泛函,还要求这些自变函数事先满足某些约束条件,它们是方程(1)—(3)和边界条件(4)和(5)的一部分。人们要求从满足约束条件的自变函数中求使泛函取驻值(这里是最小值)的函数。然后通过变分,得到自变函数满足的微分方程(称为Eular方程)和边界条件(称为自然边界条件)。事先满足的约束条件和Eular方程、自然边界条件一起构成求解弹性力学静力学问题的全部方程和边界条件(1)—(5)。例如,在通常的最小势能原理中,要求自变函数事先满足方程(2)和边界条件(5),而最小势能原理的泛函为:

$$\Pi_p = \iiint_V (W - f_i u_i) dv - \iint_{S_\sigma} \overline{X}_i u_i ds \tag{6}$$

通过泛函极值 $\delta\Pi_p = 0$ 得到的Eular方程和自然边界条件则为方程(1)和条件(4)。可见,最小势能原理是有约束条件的变分原理,如何将事先满足有约束条件的最小势能原理变为无约束条件的广义势能原理呢?钱伟长将求函数极值条件的拉格朗日乘子法推广到求具有约束条件的泛函的条件极值,这是变分原理的一大突破。

具体的做法是(仍然以最小势能原理为例,对于最小余能原理是类似的):首先根据自变函数满足的约束条件建立最小势能原理需要的泛函(6)式(虽然,按照弹性理论的观点,最小势能原理和最小余能原理中的泛函是可以根据物理意义写出的,但是钱伟长从另一途径给出了同样的泛函,而且这种途径更一般,利于在流体力学等学科中推广),其次引入适当的拉格朗日乘子以便解除约束,例如,为了解除约束条件(2)和边界条件(5),引入拉格朗日乘子 λ_{ij} 和 μ_i,一般它们是坐标的待定函数,其个数决定于约束条件的个数,并构造一个新的泛函:

$$\Pi_p^* = \iiint_V (W - f_i u_i) dv - \iint_{S_\sigma} \overline{X}_i u_i ds \\ - \iiint_V \lambda_{ij} \left(\varepsilon_{ij} - \frac{1}{2}(u_{i,j} + u_{j,i}) \right) dv + \iint_{S_u} \mu_i (u_i - \overline{u}_i) ds \tag{7}$$

这个新泛函的自变函数除了包括原来的自变函数之外,拉格朗日乘子 λ_{ij} 和 μ_i 也是其自变函数,它们是应该参加变分运算的。

为了识别拉格朗日乘子 λ_{ij} 和 μ_i,对新泛函(7)取极值并实行变分运算,即令 $\delta\Pi_p^* = 0$。注意到 δu_i,$\delta\varepsilon_{ij}$,$\delta\lambda_{ij}$ 和 $\delta\mu_i$ 的任意性,由此可以识别拉格朗日乘子 $\lambda_{ij} = \sigma_{ij}$ 和 $\mu_i = -\sigma_{ij} n_j$(S_u 上的表面力)。把所识别拉格朗日乘子代入(7),便得到无约束条件的最小势能原理的广义变分原理。

我们看到,钱伟长建立广义变分原理的过程是非常一般的程式化过程,这个过程可概括为:首先从原来有约束条件的变分极值原理(例如,最小位能原理和最小余能原理等)的泛函出发;然后引入待定的拉格朗日乘子解除约束条件,构造一个新的泛函,把原来的有约束条件的变分极值原理化为无条件的变分驻值原理;再识别的拉氏乘子,其过程是通过对新泛函取变分驻值条件,变分后得到拉氏乘子用原有自变函数表示的表达式;最后将所识别的拉氏乘子代入所构造的新泛函,由此就得到广义变分原理的泛函。

然而,以往人们建立变分原理的泛函时大都是先验的或者是凑出来的,再取极值或驻值来验证。按照钱伟长建立广义变分原理的思路和程式,1964年,他把拉格朗日乘子法应用到壳体理论,用变分原理导出壳体的非线性方程,并将以《关于弹性力学的广义变分原理及其在板壳问题上的应用》为题的文章投给《力学学报》,可惜未能得到及时发表。1968年,鹫津久一郎出版的《弹塑性力学中的变分法》一书中，才开始应用拉氏乘子法，但未用泛函驻值条件决定待定乘子。直到1977年，O. C. Zienkiewicz 在《有限元法》一书中才明确地把 Courant 和 Hilbert 经典著作中有关变分约束条件的待定拉格朗日乘子法加以讲解和应用到弹性力学变分原理中。但是，比起钱伟长1964年的工作已经晚了15年。

1978年，钱伟长发表了《弹性理论中广义变分原理的研究及其在有限元计算中的应用》，受到力学界的普遍关注。为了消除了人们在建立变分原理的泛函时发生的困扰，在该文中，钱伟长不仅系统讨论了拉格朗日乘子法在建立泛函条件极值问题中的应用，而且从线性弹性力学的两个最基本的变分原理出发，详细说明了如何利用拉格朗日乘子法逐级解除约束条件来建立最小势能原理和最小余能原理的各级不完全的、以至最后建立完全的广义变分原理的过程，并证明了这两类完全的广义变分原理的等价性。在这些广义变分原理中，也包括 Hellinger-Reissner、胡海昌-鹫津久一郎的变分原理。为了推动我国变分原理和有限元方法的研究，促进拉格朗日乘子法在变分原理中的应用，推动协调元、杂交元和混合元的发展和应用，在该文中，钱伟长还讨论了广义变分原理在有限元方法计算中的应用。钱伟长还在全国各地多次开设讲座，宣讲他的工作。例如，1979年他在清华大学为北京高校和有关机构部门开设了"变分法与有限元"的讲座，还专门写了讲义。

钱伟长还把广义变分原理推广到大位移和非线性弹性体，提出以进入泛函而消除掉的微分方程或约束条件为依据的分类原则；为了解决变分中拉格朗日乘子为零的临界变分的困难，提出高价拉氏乘子法，进一步推广和发展了拉格朗日乘子法，为加权残数法中的罚函数法提供了理论依据，改变了加权残数法与变分原理无关的传统见解；在非协调元中采用识别了的拉格朗日乘子法，从而减少了和待定乘子有关的自由度，相关论文发表在美国《应用力学进展》等重要杂志上或者专著中。除了固体力学，钱伟长还将广义变分原理广泛应用于流体力学、传热学、电流物、振动、断裂力学以及一般力学的理论和实践问题。

钱伟长在广义变分原理方面的成就于1982年再次获得国家自然科学奖二等奖。

钱伟长对有限元方法也有许多建树,特别是他以广义变分原理为基础的非协调薄板有限元工作,更有特殊的意义,其中,他在非协调元中采用识别了的拉格朗日乘子法,从而减少了和待定乘子有关的自由度,被公认为国际上的一项重要进展和贡献。

钱伟长还把广义变分原理推广到大位移和非线性弹性体,并用广义变分原理处理了非协调有限元理论,为有限元的广泛应用奠定了基础。1984年,钱伟长应邀为国际权威刊物《应用力学进展》写了专稿《非协调元和广义变分原理》,产生了较大的国际影响。

第三节　发展我国力学事业中的创举

科学进步是与不断地创新相关联的。所谓创新精神，常常表现为科学家在科学研究活动中敢于批判，在新的经验事实面前，勇于合理地对陈旧理论进行质疑；刻意革新，力求超越前人，独立思考地提出自己的新见解；刻意求新，乐于研究新问题，积极地探讨新情况，乐于接受新事物和新观点，等等。

研究科学最宝贵的精神之一，是创造精神，是独立开辟荒原的精神。科学之所以有今日，多半是得力于这样的精神，在"山重水复疑无路"的时候，卓越的科学家往往另辟蹊径，创造出"柳暗花明又一村"的境界。所以独立开创能力的培养，是每一位优秀科学家所必须具备的优良品质之一。"勇于开拓、锐意创新"是钱伟长科学精神的重要体现。钱伟长始终致力提倡创新、在各个领域实践首创精神，可以说坚持不懈的创新精神，贯穿了他爱国奉献的一生。

为了中国力学事业的发展，钱伟长创建了我国第一个专门从事力学研究的单位——力学研究室并担任第一任室主任（隶属成立于1951年的中国科学院数学研究所)[①];发起并推动理性力学的在我国的研究,创立"理性力学和力学中的数学方法"专业委员会;参与筹建北京大学力学专业,参与创办清华大学力学培训班;致力培育力学人才,举办理性力学讲习班;促进学术研讨和交流,亲力亲为举行各类专题会议和系列学术会议;创建上海市应用数学和力学研究所、上海大学力学系;以古稀之龄创办和主编了《应用数学和力学》杂志……

钱伟长在中国力学事业中的一个个首创之举,实践了他的创新的理念和首创的精神,也给我国力学学科的发展留下了不可磨灭的贡献,这些也充分体现了他独树一帜的创新精神。

一、创建力学研究室,参与创办北大力学系、中国科学院力学所、清华大学力学研究班

从1949年中华人民共和国成立之后到1966年"文化大革命"之前,是中国力学事业发展的黄金时代。1951年,中国科学院数学研究所成立了力学研究室,这是我国第一个专门从事力学研究的学术机构。力学研究室是钱伟长在林鸿荪和胡海昌的协助下筹建起来的,钱伟长任研究室第一任室主任。这个研究室不久接受了一批像胡海昌、林鸿荪、郑哲敏、庄逢甘这样有为的年轻人,在钱伟长的领导下,他们的学术气氛活跃、创造力强。力学研究室是一个学术思想非常活跃的研究集体,林鸿荪和胡海昌都在钱伟长的引导下,在学术上取得了很大的收获。他俩短短几年内出版了研究论文集《弹性圆薄板大挠度问题》(1954年)、《弹性柱体扭转理论》(1956年)并且发表了许多重要论文,如胡海昌(1928—2011)的论文《论弹性体力学与受范性体力学中的一般变分原理》(《物理学报》1954年第3期)就是钱伟长推荐发表的,后来文中所述的变分原理被称为广义变分原理,世界各国的固体力学论著中称之为"胡-鹫津原理"。其

---

① 武际可:《钱伟长先生对我国力学事业的贡献》,载《力学与实践》2010年第4期。

中，以钱伟长为首的集体研究项目"弹性薄板的大挠度问题"获中国科学院自然科学奖二等奖。

20世纪50年代以前，我国现代工业基础薄弱，对于力学研究和力学人才培养的需求并不感到十分迫切。因此，当时国内既没有专门的力学研究机构，更没有专门培养力学人才的专业和系科。20世纪50年代，正值中华人民共和国成立之初，经济建设与国防建设开始起步，新的大工厂、大建筑、现代化产品、火箭、卫星和原子弹的设计与研制，急需成批的力学人才并提出迫切的力学研究的理论与应用课题。为了适应这种需要，创立力学研究所成为大势所趋。

1956年1月成立的中国科学院力学所就是在数学研究所力学研究室的基础上建立的，当时由刚回国不久的钱学森任所长、钱伟长任副所长。据当年中国科学院秘书处负责人、力学所筹建者之一的朱兆祥回忆：钱学森回国后，中国科学院副院长吴有训曾对他说："院里的意思是，趁钱学森回国之际，把力学研究所建立起来，可以以钱伟长在数学研究所建立的力学研究室为基础，再加一些研究人员。此事已经和钱伟长、周培源酝酿过，大家都赞成钱学森当所长、钱伟长任副所长。"[1]

第一个五年计划开始后，各方面的建设急需力学人才。为了适应这种需要，清华大学于1957年成立了力学研究班，招收研究所和高校的初级研究人员和大学高年级学生学习两年力学然后分配去急需力学专业人才的单位。

郭永怀和钱伟长组织并领导了清华大学力学培训班[2]。这个班第一任班主任就是钱伟长，后来由于钱伟长被错划为右派，被免去了班主任，改由郭永怀担任班主任，并且聘请校外教师和调动清华大学各系的力量给予支持。力学班先后招收了三届共约290名学生，在各高等学校新成立的

---

[1] 曾文彪：《钱伟长与上海大学》，上海大学新闻网，2010年7月30日。
[2] 武际可：《钱伟长先生对我国力学事业的贡献》，载《力学与实践》2010年第4期。

力学系科还没有毕业生之前，培养了一批急需的力学专业人才。后来这些学员分布在全国各地的各个部门，成为我国力学界科研和教学的骨干，为我国的机械工业、土木建筑、航空航天和兵工事业建立了许多功勋，在国防科研单位和重点院校的力学系或力学专业教研室，他们都起着顶梁柱的作用。

事实上，后来"两弹一星"成功实现的基础，与钱伟长有着直接的关系。钱学森与钱伟长创办了中国科学院力学研究所，后来两人又一起筹办力学班培养有工科背景的复合型力学人才。这两个举措为"两弹一星"的研制输送了大量的科研人才。曾任"十二年科技规划"规划工作领导小组秘书和中国科学院力学研究所所长的郑哲敏，在2006年4月举行的中国科学院"纪念十二年科技规划制定50周年"座谈会上，回顾参加力学科学规划的历史时说："力学学科以钱学森的'技术科学思想'为核心，为国防和经济建设服务，引导工程的发展。当时力学人才非常少，力学知识非常浅，与航空、航天需求形成巨大缺口。钱伟长、钱学森紧急筹办力学班，希望在短期内培养有工科背景的复合型力学人才。"[①]

同时，钱伟长还参与创建北京大学力学系——全国高校中第一个力学专业。据武际可在《钱伟长先生对我国力学事业的贡献》一文中介绍[②]，我国从来没有专门培养力学人才的系科。1952年国务院对全国高等学校进行了一次大调整。这次调整的主导思想是按照苏联的教育模式来重塑中国的高等学校体制。在苏联的教育模式中，力学专业总是放在综合性大学数学力学系内的一个专业。于是决定在北京大学设置数学力学系，这个系是由原来的北京大学、清华大学与燕京大学三校的数学系合并的，下设数学与力学两个专业。力学专业从1952年招收第一届学生，它是中国的第一个力学专业。筹办力学专业的教师以周培源为首，连同吴林

---

① 曾文彪：《钱伟长与上海大学》，上海大学新闻网，2010年7月30日。
② 武际可：《钱伟长先生对我国力学事业的贡献》，载《力学与实践》2010年第4期。

襄、钱敏，还有钱伟长的研究生叶开沅和周培源的研究生陈耀松，一共只有5个人，靠这5个人来开出力学专业的全部课程是不可能的。所以北京大学力学专业的筹办实际上多亏许多其他单位的支援，它的开办成功也可以说是整个中国力学界的贡献。钱伟长派出他的得意研究生叶开沅参加筹建北大力学专业，实际上是对这个专业的最大支持。因为在前无力学专门人才培养系科的条件下，能够有一个人参加进来都是十分宝贵和值得珍惜的。

武际可在《钱伟长先生对我国力学事业的贡献》一文中还指出："现在在力学界的许多第一线的学者，有相当多数是从北大力学专业和清华力学班毕业的。而钱伟长恰好参与了前者的创办，且直接就是后者的创办人。在我国众多的力学研究单位之中，中国科学院力学所是举足轻重的一所综合性研究所，而钱伟长是它的最早创办者。有这几件事，我们应当体味得出钱伟长先生在我国力学事业的发展上的重要地位。"

1982年，钱伟长赴上海工业大学任职，立即创办了上海市应用数学和力学研究所，还在1997年成立了上海大学力学系。回顾上海大学力学所、力学系的成立和发展，以及一直以来所坚持的"创新的理念、创新的思路、创新的办学原则"，更能深切感悟到钱伟长创新精神的正确性和前瞻性。

二、理性力学与力学中的数学方法专业委员会的成立及其学术活动

1977年，钱伟长、谈镐生、陈宗基等科学家发起"理性力学"在我国的研究，并着手推动成立一个有关的专业组或专业委员会，以便与国际同步。自此开始，通过中国力学学会30年的推动，特别是在钱伟长亲自领导的理性力学和力学中的数学方法专业（组）委员会的不遗余力的精心组织和推动下，经过了2～3代人的努力，理性力学在中国已经取得了巨大的成绩，得到了极大的发展。

1978年前的20多年，处于逆境之中的钱伟长没有放弃科研、教学工作，还继续在为郭永怀主编的《力学学报》审稿，他的毅力使很多人深受感动，钱伟长最关心的还是力学事业的发展。

1978年召开的全国科学大会上，钱伟长与学术上的诤友谈镐生在32年后重又相逢，弹指一挥间，当初挥斥方遒的青年变成了华发丛生的花甲老人。他们不禁热泪盈眶、感慨万千。钱伟长虽历经多年磨难，似乎依然是禀性未改，两人欢悦地纵论时政、畅所欲言，但谈论最多的还是如何推动我国力学事业的发展。钱伟长心里憋着一口气，他急切地想要把损失掉的时间补回来，在以后的30多年时间里他也的确是这样做的。

志趣相投的钱伟长和谈镐生都曾在加利福尼亚理工学院求学，共同师承哥廷根应用力学学派，赞同强调理论与实际结合的应用数学和力学。他们都认为，"力学从其本质来说，更多的是一门基础科学"，把力学当作纯粹的工程学科是荒唐的，力学既是技术科学，更是基础科学，必须从基础抓起。

接着，谈镐生在中国科学院力学研究所创办了基础力学研究室，集中了一批优秀青年合力攻坚。钱伟长则着手创建中国力学学会理性力学和力学中的数学方法专业组，其目的就是"三个推动"，即推动理性力学在我国的传播和发展；推动非线性力学的发展；促进力学和其他学科的交叉，促进现代数学和力学的结合，推动边缘学科的发展。最终的目的是培养一大批有真才实学的年轻人，使我国的非线性科学达到世界先进水平。

关于理性力学的发展及应用，钱伟长在"现代连续统物理丛书"译序中提及："理性力学是在近代生产的大量经验事实的基础上，建立起较完备的公理体系，运用物质运动所必须遵循的基本定律，以严密的逻辑思维和推理方法去研究连续介质（简称连续统）的物质运动和变形的一般性规律的力学。……理性力学在其发展过程中，虽曾经历了一段曲折的道路，但经过二三十年的奋斗，作为连续介质力学的理论基础，业已牢牢地树立了自己的地位。在国际上，它强烈地影响着传统的力学教育和力学研究,也大大地增强了力学处理现实生产问题和近代新型工业材料的能力。"[1]

理性力学是力学的一个重要分支,是力学中的一门横断的基础学科,是力学和数学高度结合的典范,也是连续统物理的理论基础,其目的是用数学的基本理论和严格的逻辑推理研究力学中的共性问题。一方面它用统一的观点对各种传统力学分支进行系统的和综合的探讨,建立连续介质力学的公理体系,建立任意介质都适用的一般原理;另一方面演绎出一套完整的力学理论,发展新概念,解决科学和工程中提出的难题,它们是传统理论无法解决的[2]。

1979年,中国力学学会决定成立理性力学和力学中的数学方法专业组,钱伟长任组长,谈镐生任副组长,专业组成员共13人。1985年,专业组改成专业委员会,正式命名为理性力学与力学中的数学方法专业委员会。在专业(组)委员会中,由老一辈科学家担任专业(组)委员会的组长或者顾问,实现了"老中青结合"。而且在专业(组)委员会中,既有力学各学科的科学家,也有数学家和物理学家,在研究领域上体现的多学科交叉,为理性力学的长足发展打下了良好的基础。

三、筹办理性力学讲习班和相关专题会议

钱伟长领衔的专业组刚一成立,就迅速着手组织各种学术活动,搭建各种学术交流的平台,以实际行动推进力学事业的成长。列举如下[3]:

(1) 1978年8月,在兰州举办了"全国理性力学讲习班"。主持人:钱伟长、叶开沅。参加讲习班的有高等院校和科研单位的代表共49名。这次讲习班由"理性力学与力学中数学方法"专业组负责并委托兰州大学

---

[1] 钱伟长:《〈现代连续统物理丛书〉译序》,载《钱伟长文集(上卷)》,上海大学出版社2013年版,第368—369页。
[2] 程昌钧:《理性力学在中国的传播与发展》,载《力学与实践》2008年第1期。
[3] 程昌钧:《理性力学在中国的传播与发展》,载《力学与实践》2008年第1期。

具体筹办。钱伟长主讲"张量的内禀理论"(10讲);苗天德、程昌钧、俞焕然介绍了"理性力学的基本概念和理论"(12讲);还有其他6个数学专题报告。其间决定翻译和出版日本德冈辰雄所著的《理性连续介质力学入门》,并于1982年由科学出版社出版。

(2)1979年8月,在上海召开了"理性力学讲学讨论会"。主持人:钱伟长。会议重点:奇异摄动理论。

(3)1980年8月,兰州大学叶开沅教授邀请美国学者爱林根(Eringen)来兰州大学和中国科学院力学所讲学,系统介绍理性力学的有关专题,包括"微极连续统的理论和应用""连续统的局部和非局部理论和应用""液晶理论"和"波的传播"等。其间专业组决定翻译和出版爱林根所著的《连续统力学》及"现代连续统物理丛书"(19分册)。前者于1991年由北京科学出版社出版,后者于1982—1984年由江苏科学技术出版社出版。

(4)1981年4月27日至5月2日,在合肥召开"全国非线性波专题学术会议"。主持人:朱兆祥。会议内容涉及非线性波的理论和方法、气体中的非线性波、固体中的应力波、水波、等离子波、大气波、星系密度波等。

(5)1982年10月18—22日,在无锡召开全国非线性力学会议。主持人:叶开沅。会议内容涉及非线性力学的一些主要方面。

(6)1983年11月,在武汉召开"分叉、突变、稳定性学术会议"。主持人:李灏。会议以邀请报告为主,系统介绍了与会议主题有关的四个方面的理论和应用,并由华中理工大学出版社出版了由钱伟长主编的《非线性力学的新发展——稳定性、分叉、突变、混沌》。

这些专题会议的出席代表约450人,交流论文165篇,专题报告39篇,系统讲座3次。

四、两个著名的系列学术会议的诞生

理性力学和力学中的数学方法专业(组)委员会成立之后,在钱伟长的领导和参与下,由专业(组)委员会发起并成功举办了两个影响深远的系列学术会议,即著名的现代数学和力学学术会议(National Conference on Modern Mathematics and Mechanics,MMM)和国际非线性力学会议(International Conference on Nonlinear Mechanics,ICNM),同时还根据科学发展的需要,举办了相关的学术会议来推动理性力学在中国的发展。

(一)现代数学和力学学术会议(简称MMM会议)

MMM会议可以理解为现代数学和力学学术会议,也可以理解为力学中的现代数学方法学术会议,是钱伟长先生亲自倡导的国内系列学术会议。钱伟长认为,没有数学理论和方法的支持,力学不可能得以发展;同时数学的发展依赖于力学和物理学。因此,他认为召开MMM会议的目的在于促进现代力学与数学的相互结合、相互渗透,推动我国力学和数学向更深层次发展。同时也希望通过MMM会议,引进国际的先进理论和方法,为培养我国一批力学新人创造良好条件。

1985年,理性力学和力学中的数学方法专业委员会决定召开系列会议——现代数学和力学学术会议(即MMM会议)。1986年7月,郭仲衡在北京大学主持召开了第一次全国现代数学和力学学术会议,之后正式成为中国力学学会的系列学术会议,至2022年8月已成功地组织了18届MMM会议,各次会议的承办单位和主持人如下:

会议	举办时间	承办单位	举办城市	主持人
第一届	1986年7月	北京大学	北京	郭仲衡
第二届	1987年11月	上海工业大学	上海	钱伟长、戴世强
第三届	1989年5月	武汉工业大学	武汉	郭友中
第四届	1991年8月	兰州大学	兰州	郭友中、程昌钧
第五届	1993年4月	中国矿业大学	徐州	陈至达
第六届	1995年10月	苏州大学	苏州	姜礼尚、程昌钧
第七届	1997年9月	上海大学	上海	程昌钧、戴世强

续　表

会议	举办时间	承办单位	举办城市	主持人
第八届	2000年11月	中山大学	广州	程昌钧、陈树辉
第九届	2004年8月	上海大学	上海	戴世强、周哲玮
第十届	2005年10月	太原理工大学	太原	戴世强、杨桂通
第十一届	2009年7月	兰州理工大学	兰州	周哲玮、李世荣
第十二届	2010年8月	北京理工大学	贵阳	周哲玮、宁建国
第十三届	2012年10月	上海大学	上海	何国威
第十四届	2014年8月	湘潭大学	张家界	郭兴明
第十五届	2016年8月	厦门大学	厦门	王东东、张俊乾
第十六届	2018年8月	昆明理工大学	昆明	杨凤藻、张俊乾
第十七届	2020年10月	中国石油大学	青岛	刘建林
第十八届	2022年8月	内蒙古师范大学 内蒙古大学 内蒙古工业大学	呼和浩特	张统一

MMM会议成功地实现了钱伟长的设想,据统计,前十届会议总共交流了1 122篇学术论文,其中有148篇大会报告,与会者约为1 350人次。MMM会议取得了巨大成功,在我国力学界产生了重大影响,被公认为学术思想有特色、科学水平上档次、探讨领域最广泛的学术会议。

现如今,钱伟长播下的"种子"已在全国遍地开花,MMM会议已有固定的热诚的拥趸;在现代数学与现代力学之间搭起了真正的桥梁;已经做到了"顶天立地",亦即演绎发展最先进、最前沿的理论,保持先进的学术水平;问津最迫切需要的经济建设领域,探索有效的解决途径。

(二)国际非线性力学会议(简称ICNM会议)

如果说MMM会议是钱伟长先生以培养我国非线性科学的队伍为主

要目标而搭建的平台,那ICNM会议就是把这支队伍推向国际,把相关的研究成果推向世界的抓手。国际非线性力学会议的宏观背景:随着社会经济和科学技术的发展,非线性问题向人们提出了严峻的挑战,原来的线性问题以及处理线性问题的理论和方法都已不适合于新的复杂的非线性问题,因此人们越来越注重非线性科学,力学是其中一个重要的方面[①]。

钱伟长在《关于非线性力学》一文中指出:"非线性力学的出现是有其工业背景和生产背景的。首先是大量人造纤维和塑料的问世,这些材料的本构关系是非线性的;其次是航空工业采用薄的固体材料,凡这类材料都可以引起大变形,但应变很小,其本构关系依然是线性的,这就叫几何非线性;第三是当时正在研制超声速飞机,空气动力学在亚声速、超声速范围都可以线性化,但在跨声速范围就不能线性化,这个问题同航空工业中突破'声障'这个问题密切有关;第四方面是在宇宙航行中如何选择从地球到月球耗能最小的轨道,这也是一个高度非线性的问题,在40年代没有计算机,人们只能用现有的数学工具去解决它,并提出了'限制轨道理论'。由此可见,为了适应工业发展的需要,我们从事力学研究不能局限在线性理论的范畴,必须进一步深入到非线性的领域中去。"[②]

在钱伟长的倡导下,以理性力学专业委员会为核心,于1985年10月在上海展开了第一届国际非线性力学会议,即ICNM-Ⅰ,之后又不失时机地召开了五届国际非线性力学会议。

历届国际非线性力学会议召开的情况:

会 议	举办时间	承办单位	举办城市	主持人
ICNM-Ⅰ	1986年10月	上海大学	上海	钱伟长
ICNM-Ⅱ	1993年8月	北京大学	北京	钱伟长

---

① 程昌钧:《理性力学在中国的传播与发展》,载《力学与实践》2008年第1期。
② 钱伟长:《关于非线性力学》,载《钱伟长文集(上卷)》上海大学出版社2013年版,第482页。

续　表

会　议	举办时间	承办单位	举办城市	主持人
ICNM-III	1998年8月	上海大学	上海	钱伟长
ICNM-IV	2002年8月	上海大学	上海	钱伟长
ICNM-V	2007年6月	上海大学	上海	钱伟长
ICNM-VI	2013年8月	上海大学	上海	周哲玮

自从钱伟长于1985年在上海主持召开第一届国际非线性力学会议以来，作为会议的主席，在他的亲自指导、主持和参加下，成功地组织了五届，2013年又组织了第六届。每届ICNM会议都出版了文集，总计发表论文约1 200篇，其中专题与综述性报告100余篇。参加会议的代表共计约1 000人，其中外宾338人。

钱伟长第一届国际非线性力学会议开幕词[①]

国际力学界的一次盛会——国际非线性力学会议今天开幕了。出席这次会议的有来自二十多个国家和地区的二百三十余位学者，其中有许多世界闻名的非线性力学专家、权威。我谨代表中国力学学会和上海市科学技术协会，向与会代表表示最诚挚、最热烈的欢迎！

大家知道，近几十年来，由于航空、航天、航海、水利、建筑、化工、能源开发事业的发展，在工程实践和科学研究中提出了大量亟待解决的非线性力学问题，例如，材料和结构的物理非线性与几何非线性分析，非线性振动与波动，非线性稳定性与分叉、突变、浑沌现象等等。这些新问题光怪陆离，错综复杂，用常规的手段难以解决。面对这些挑战，一大批力学家挺身而出，提出了一系列行之有效的新方

---

① 钱伟长：《国际非线性力学会议开幕词》，载《钱伟长文集（上卷）》，上海大学出版社2013年，第652页。

法、新途径,从解析数值计算与实验角度猛攻难关,使非线性力学得到了迅速发展,取得了一系列富有创造性的成果。这次会议正是这些成果的大检阅。

我们发起、筹备这次会议三年以来,在国内外引起了强烈的反响,一共收到了360多篇来稿,我们遴选了247篇论文在会议上交流。它们几乎涉及了非线性力学的所有分支。这次会议愿为大家提供一个广泛进行学术交流的讲坛。我深信,通过交换研究成果,互相切磋砥砺,在同行之间建立密切的联系,必定会进一步促进非线性力学研究的更迅猛的发展,这也是我们的共同愿望。

在会议的筹备过程中,我们得到了会议指导委员会全体成员的热情支持和国内外大批学者的积极帮助,中国科学技术协会自始至终对这次会议关怀备至,并提供了必要的资助,国内外许多学术团体也给予我们多方赞助,北京的科学出版社在会前为我们印刷了精致的文集,我愿借此机会,向以上各个单位、人士表示由衷的谢意!

最后,我预祝此次盛会圆满成功,并望国内外来宾在上海生活愉快,万事如意!

第四节 理念上的创新——钱伟长的创新观

一、创新要有科学性

什么叫创新精神？钱伟长说曾在上海大学中层干部会议上说："创新首先要有科学性。……创新对各个学科同样重要，理工科要创新，文科、经济、社会、管理学科都需要创新。创新的对立面是守旧，有创新精神的人与没有创新精神的人不能同日而语。""创新精神不是拍脑袋，科学创新要搞清有什么局限性。科学实践告诉我们，真理有普遍性，也有局限性，超过这个局限，这条真理就成了谬误。自然科学中的定理有很多限定，所以实验时必须在符合必要的条件时都能重复。'法轮功'不能重复，'水变油'也不能重复，一些特异功能没有办法试验，所以它们是伪科学。科学就是在同样条件下，谁都可以通过实验来证明的。什么叫科学发展进步了呢？就是某些条件变了，把从前的科学真理加以改造，突破原有的局限这叫进步，叫创新。创新是生产和实验，自然界经验的总结，这总结是有条件的，社会在发展，生产在发展，实践也在发展，发展就是不断的创新。"[1]

---

[1] 钱伟长：《如何培养有创新精神的人——在上海大学中层干部会议上的讲话》，载《钱伟长文集（下卷）》，上海大学出版社2013年版，第1282页。

钱伟长认为科学的创新是在不同条件下达到我们所要求的目的,要看见我们有落后性、不完备性,然后去充实它、完备它,使之得到更往前走一步的条件。"真正有创新精神的人必须眼观四方,对于各种进步都要去了解,来为自己的工作服务。……创新精神有一条,要借别人的刀来杀自己的猪,所以对科学各方面的进步都要很注意,只有这样的人才有更多的创新精神。刚刚我讲的几个例子,就是告诉大家创新有个必要条件,不能太专,要扩大我们的视听范围。……我们必须全力推进创新精神的培养,有创新精神的人就是不断学先进的人。"①

钱伟长认为要做好科研工作,要大胆怀疑、锐意创新,不能读死书,套用老路不能解决新问题。这也是为什么应用力学特别强调创造性研究的原因。他对评定科研工作的优劣有一个简单易行的标准,即"评定一个科学工作,不外乎有几种情况:一种情况是,他有新的观点,用了新的办法,或者是理论上的,或者是实验上的,解决了一个新问题,从来没有人解决过,这是最好的工作。当然这个新观点要有普遍性,因为越有普遍性,这个工作就越好。……第二种,如果是新的观点,用旧的办法,解决了旧问题,可是观点是新的,这也不错。如果用了老观点,用了新办法,解决了新问题或旧问题,这是次好的……还有一种,用的是旧观点、旧方法,就是用得好,用得恰当,解决了新问题,这也不错。最不好的是,用老观点、老办法,解决了老问题"②。从钱伟长提出的标准可以看到,能有创新才是最好的工作。

二、创新源于新问题的发现

创新精神源泉是什么?钱伟长认为,创新源于新问题的发现,以好奇心和责任感发现新问题,而这些发现可以是科学自身的空白或社会发展

---

① 钱伟长:《如何培养有创新精神的人——在上海大学中层干部会议上的讲话》,载《钱伟长文集(下卷)》,上海大学出版社2013年版,第1283页。
② 戴世强:《论钱伟长的治学理念和学术风格》,载《力学进展》2003年第1期。

的需要。

钱伟长说过:"我做任何事情,都是从实际研究提出问题开始的。无论搞科研还是做校长都是这样。我一直从事科学研究,当然晓得科技工作的任务,搞科技不仅要满足于懂得现代化提出的问题,还要传播知识、培养人才和梯队,这也是科技对教育的要求。但是无论搞科技还是搞教育,都需要尽可能多地了解社会科学的发展和进步,了解世界科技发展的态势,然后从国家需要出发提出和解决问题,这是实践对人的知识结构的要求。"①

钱伟长认为,我们要培养"满肚子都是问题的人,这种人是我们国家需要的","培养博士生就是使一个没有问题的人变成有问题的人,也懂得力所能及地来解决问题"②。从科学研究的规律来看,发现问题的能力甚至重于解决问题的能力,非如此不能突破常规路线,不能发现空白领域,不能实现原始创新。

钱伟长认为,创新就是要考虑到原来定理的局限性,不是真正的全部成立,而是局部的成立,所有定理都是如此。人类了解世界的过程不是容易的,要经过一代代人的创新来了解,了解了就总结经验,才有新的定理出来。创新,不是做一道习题,创新是对一个事物的过程要有不同的看法,要在不同条件下有不同的看法。有的时候创新是用不同的方法,过去没人用,现在用了就是创新;有的时候创新是用不同的材料,过去没人发现,现在发现了就是创新。我们要了解自己学到的科学里面的局限性。没有创新精神,科学就不会有进步③。

创新不仅要会掌握经典,而且要善于融会贯通汲取新知识。后人常常惊叹于钱伟长对新学科的掌握速度,他自己也说,他可以临时开一个题目,

---

① 夏欣:《教育中国——50名流素质教育访谈》,光明日报出版社2002年版,第104页。
② 钱伟长:《师资队伍建设和研究生培养》,载《钱伟长文集(下卷)》上海大学出版社2013年版,第1143页。
③ 叶志明:《怎样当一名研究生》,上海大学出版社2004年版,第86页。

保证三个月内就可以开展。他会查资料，看书也快，今天干完这个，明天就可转到另外一个题目去。这种能力源于他非常注意学习方法。对于有人说自己是"万能科学家"，钱伟长回答说："其实不是万能，不过我会去学一类东西，我会看人家的东西，看懂了我自己能下结论，并在这个基础上再做下去。我懂得爬在人家肩膀上，我要永远爬在人家肩膀上。"[①]

从钱伟长的经历来看，多读经典著作，多读最新文献，多做一手调研，这样才能迅速进入新领域。在科学研究领域日益交叉纷杂的今天，创新不能仅仅是停留在单一领域的封闭行为，打通专业壁垒、推进领域融合显得更加迫切。

创新需要以谦逊态度和勤奋学习保持新动力。尽管做出了很多突出的贡献，但钱伟长始终很谦虚，他认为"应该觉得自己不懂的东西很多很多，那你就是很有学问；你觉得什么东西都懂，你大概是没有学问的"。面对外界的赞誉，钱伟长说："我不是天才，我的学习是非常勤奋的，我发现很多东西我还不懂，需要，我就学。你们不要相信天才论，关键是在于刻苦和努力。没有学不会的东西，问题在于你肯不肯学，敢不敢学。"开了60余年的"夜车"的他还自信地说："这么多年来，我没有懒过，我的知识没有老化。"事实上，88岁时他还写了一篇50多页的长篇论文《中国魔方的构造特性及其不唯一性问题的研究》，让许多人真心惊叹。

钱伟长的谦虚和勤奋是保持持续创新的根本动力，也是保持精神青春的重要法宝。

---

① 于今：《百年伟长——追思钱伟长》，红旗出版社2012年版，第34页。

第五节　科研选题方法的创新

科学研究就是人们积极地对自然界的存在形式和运动进行探索的活动，需要有明确的研究方向和目标。可以说，选题是进行科学研究活动的第一步，它直接关系到科研工作途径和方法、进展的快慢和成果的大小。科学研究工作者的成就很大程度上取决于其正确的科研选题方法。选择研究课题，是科学研究的重要环节；选择什么样的课题，对整个科研工作的成败都有很大的影响。

社会需要作为科学发展的外部因素，是科研选题的重要来源[1]。社会需要可以来自生产、经济发展的需要，社会生活、医疗卫生和文化教育的需要，国防建设的需要等。这些需要经过抽象、转化，可以成为科学研究的问题。

一、研究社会急需解决的问题——"国家的需要就是我的专业"

恩格斯曾经说过，社会一旦有技术上的需要，则这种需要就会比十所大学更能把科学推向前进。

---

[1] 叶平、刘晓丽：《科学认识与方法论》，中国环境科学出版社2006年版，第115页。

科研选题的首要原则是需要性原则,要优先选择那些社会和科学自身发展中所急切需要解决的问题,这是由科研的根本目的所决定的。

一切需要从国家的需要出发是贯穿钱伟长一生的信念,这也是千百来成千上万名中国知识分子和仁人志士的人生信念。中华民族传承至今的"先天下之忧而忧,后天下之乐而乐""天下兴亡,匹夫有责"的精神和文化激励着一代代的爱国之士,也激励着钱伟长始终不渝地按照"一切需要从国家的需要""国家的需要就是我的专业"这朴素而崇高的理念去思考和实践,为民族之兴旺、国家之振兴而奋斗。

需要性原则是科学选题中的首要原则,要优先选择那些社会和科学自身发展中急切需解决的问题。这是由科研的根本目的所决定的。钱伟长科学研究和爱国奉献的一生基本上都在选择解决国家或社会最紧迫的问题。从初入清华园时"弃文学理",到留学深造后放弃优越的条件毅然回国,再到数十年致力于"科技强国"和"科教兴国"的伟大事业,他的一身都在为中国的近代力学事业的奠基和发展亲力亲为、为教育大业呕心沥血,为国家的需要研究高性能电池、中文信息处理技术,为地方发展、经济繁荣和西部开发建言献策……

钱伟长进行科研选题的动机只有一个:始终将自己的科学研究事业和工作与国家需要相结合,这是他科学人生的写照。"大家要团结起来,要考虑国家大局,要考虑先抓国家最需要的东西。我一辈子就是这样,所以有人骂我,说我常常不务正业,今天干这个,明天又干那个。我说我是看国家哪方面需要,我就力所能及地去干。"[①] 钱伟长是一个具有高度爱国主义精神的科学家,是一个真正的爱国者。

钱伟长曾意味深长地说,自己对什么都有兴趣,只要是国家需要的,他就去干。周总理点名的"三钱"里面,钱伟长和钱学森都是搞火箭的。

---

① 钱伟长:《和青年朋友们谈学习问题》,载《钱伟长文集(下卷)》,上海大学出版社2013年版,第1210页。

其中,钱伟长的薄壳理论在应用力学领域占有重要位置,受到他的导师冯·卡门的赞赏,对火箭研发具有十分重大的意义。白发苍苍的胡燕鹏老先生曾经是清华学子,他回忆起60多年前听钱伟长讲课的情景,一切仿佛历历在目:"钱先生1946年给我们讲课,讲得最多的就是火箭! 他要我们多掌握火箭的知识原理,为科技强国作贡献!"[1]

1978年考入清华大学的徐志翘,曾有幸听过钱伟长授课,"他讲课十分生动有趣,用竹子弯曲来讲摄动理论,令人印象深刻"。还有一个印象深刻的故事,也是钱伟长告诉他们的:我国从国外进口的卫星转播设备中的"波纹壳",只有一粒花生那么大,坏了后却要用一船花生去买。"钱老借此激励我们,要搞出中国自己的高新技术!"徐志翘还跟随钱伟长读了本科、硕士;20世纪80年代,钱伟长到上海出任上海工业大学校长,徐志翘又到上海来做他的博士研究生。"钱老主张学以致用,为地方发展服务,解决了上海的黄浦江潮水、宝钢港区暗沙等大问题,我的博士论文就是研究黄浦江潮水的力学问题"[2]。

钱伟长"唯一的工人研究生"周文波曾负责建造地铁隧道,他在撰写硕士论文时把方向放在了应用性极强的"盾构法隧道引起地面沉降防治的研究"上,这就来自钱伟长的鼓励。1994年,根据这一研究成果编写的软件,帮助施工人员成功完成了延安东路南线隧道穿越黄浦江底的施工。2002年,上海的地下轨道交通建设所使用的盾构设备大多来自法国、德国和日本等发达国家,不仅花费大量外汇,设备还常常发生不适应本土地质条件的情况。是年,钱伟长写信给胡锦涛总书记,希望国家把国产盾构设备和技术的研发提到议事日程上来。在钱伟长的积极建言下,土压平衡盾构设备和技术的研发项目被列入"十五"国家863计划。2004年,

---

[1]《做钱老那样的爱国者——社会各界送别钱伟长侧记》,中央人民政府网站,2010年8月7日。
[2]《做钱老那样的爱国者——社会各界送别钱伟长侧记》,中央人民政府网站,2010年8月7日。

首台国产土压平衡盾构机"先行号"研发成功。随后,又成功研发了入选"十一五"国家863计划的泥水平衡盾构机"进越号",并应用于上海打浦路隧道复线的施工。如今,上海的城市交通路网建设在国内领先,中国更成为世界隧道建设的强国。如果没有钱伟长的全力推荐和支持,我们赶超国际先进水平的脚步就没有那么踏实与快速。周文波还时常记得先生当年对他的鼓励:"做过工人很好,有实践经历很重要,别怕什么深刻理论。发达国家有的是人研究,我们国家现在还落后,就是要你们站在别人的肩膀上研究应用性强的学问,服务社会主义建设。"①

搞电池并非钱伟长的专业,完全是出于当时的国家需要,因为电池可以用于地质勘探队的电源,铁路号志灯、航道标志灯的电源以及坦克和导弹的动力电源等。钱伟长在《八十自述》中,回忆过去,他说:"小小一个电池,也是祖国的需要。"②知识不够怎么办?在短短三年内,钱伟长边找资料边学习边翻译,累积了300万字的翻译资料,还阅读了前20年的有关学术专著。没有设备怎么办?自己制作。没有合格的原材料怎么办?钱伟长亲自跑化工材料行、各行的各个仓库,有时甚至到化工厂的车间,直接和老师傅商量。功夫不负有心人。到第二年,一种与普通电池体积、重量相等,而性能高出8倍的新的一次性电池研制成功了,其性能还超出GE公司同类电池的40%,填补了国家在这方面的空白。之后,他们还一鼓作气,试制成了以高能电池为基础的坦克启动电瓶,为铁路设计了实用号志灯等等。这些无一不是以国家需要作为专业选择的起点。

二、选择具有创造性的问题

科学研究始于问题。科学研究作为一项创造性活动,是一个不断提出问题并解决问题的过程。科学家或科研人员应怀着"问题意识",能否

---

① 《"工人高徒"忆钱伟长:不拘一格降人才》,新华网,2010年8月7日。
② 钱伟长:《八十自述》,载《钱伟长文集(下卷)》,上海大学出版社2013年版,第988页。

提出好的问题也是衡量科学研究人员创造力的标志之一①。在科学选题中,钱伟长一直关注具有创新意义的科研问题,一直敢于也善于选择有创造性的问题,所作的研究总能引领某个学科的发展。钱伟长"主张探索新问题,要有所发现,有所创新,发现和创新是科学发展的根本动力。"

黄黔在《我的导师钱伟长教授》②一文中回忆道:"钱伟长从不去效法稳重、中庸、无为的懒散作风,更不肯学习那种迎合他人的双重性格。回国近40年了,他从来没有停止过科学研究。一谈起具体的研究课题,他就兴奋地走来走去。广博的知识,丰富的经验,使他好像是一位久经沙场的指挥官;敏捷的才思,坦率的争论,又使他好像还是一名年轻的学生。""50年代初,他看到日本人在北海道找到了石油,就迫不及待地呼吁,希望有关部门在和北海道地质情况相似的我国渤海湾和华北地区勘探石油。但是,这却被视为反党的'右派言论',他还被讥讽为'万能科学家'"。

对于锐意创新,始终为国家发展民族富强殚精竭虑的钱伟长,黄黔感慨地写道:"几千年的封建社会遗留下太多的枷锁,才华横溢和敢于创新的人难以得到社会的谅解和支持,急切的进取很容易受到误解和打击。昏睡多年的苍龙,在腾飞起来之后,才更感到体躯的沉重。"

谈镐生对挚友钱伟长在力学发展中推进基础研究和开展创造性工作很是钦佩,曾说:"他最关心的还是力学事业的发展,尤其是对我国西部发展中的力学问题十分关心,认为力学工作者在改变西部环境(如治理沙漠、开发水利、改善气候等方面)有许多事情可做,我也有类似的想法,在谈话中我们经常发出会心的笑声。"③

对于一起推进理性力学和应用数学的研究,谈镐生回忆道:"伟长兄完全赞同我的观点,他也认为,把力学当作纯粹的工程学科是荒唐的,力

---

① 叶平、刘晓丽:《科学认识与方法论》,中国环境科学出版社2006年版,第109页。
② 黄黔:《我的导师钱伟长教授》,载《智慧之泉——"我的老师"征文选》,教育科学出版社1985年版,第31页。
③ 谈镐生:《祖国力学事业辛勤的耕耘者——恭贺挚友伟长先生九秩华诞》,载《力学进展》2003年第1期。

学既是技术科学，更是基础科学，必须从基础抓起。当时他着手创建中国力学学会理性力学和力学中的数学方法专业组（后来扩大为专业委员会），并邀约我参加。我正好对理性力学和应用数学感兴趣，我俩志趣相投，于是一拍即合，由他当专业组的第一任组长，我当副组长。"①

对于钱伟长开创的非线性国际力学会议，推进力学学科研究的国际交流，谈镐生由衷地叹服②："我欣慰地看到，岁月没有消磨了他的锐气，他仍然如此精神饱满、机敏睿智，对许多学术问题有他独到的见解……1983年，年过古稀的伟长先生立意组织第一届国际非线性力学会议，而且想把它开成高级别、大规模的国际会议。我真叹服他的魄力……我积极提供线索，邀约了不少国际力学界的知名人士与会。经过两年的紧张筹备，1985年10月，会议在上海胜利召开，许多国内外力学界的顶尖人物纷纷前来，院士就来了十几位。会议空前成功，当时的上海市市长江泽民同志也前来致贺。从中，我也领略了钱伟长这位老朋友的非凡的组织能力。国际非线性力学会议以后又开了三届，我始终担任会议的指导委员会副主席……1993年在北京举行的那一届，看到会议的盛大场面，我感到由衷的高兴，觉得在钱伟长和他的师友周培源、钱学森、郭永怀等人的共同努力下，真的把我国的力学事业推动起来了。我在这当中也尽了绵薄之力，也深感欣慰。"

钱伟长在板壳理论、变分原理、摄动方法、中文信息技术等学术方面有着创造性的工作，他在科学研究和选题中的创造性，还使得他在机械、建筑、军工和航空航天事业中发挥了重要的作用，在教育事业、地区发展、区域规划和经济建设等方面也做出了不少贡献。

---

① 谈镐生：《祖国力学事业辛勤的耕耘者——恭贺挚友伟长先生九秩华诞》，载《力学进展》2003年第1期。
② 谈镐生：《祖国力学事业辛勤的耕耘者——恭贺挚友伟长先生九秩华诞》，载《力学进展》2003年第1期。

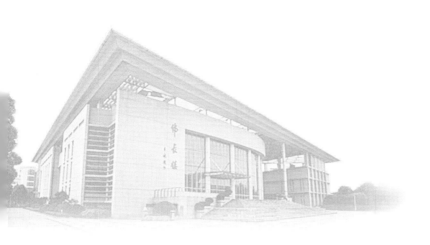

第四章　钱伟长知行合一的奉献精神

1978年改革开放以后,学术上获得新生的钱伟长欣然写道:"'四害'已除,重新获得了科学工作的权利,欣逢1978年党中央号召'实现四个现代化'并召开全国科学大会,春风拂人,奋起之情,油然而生。虽已年近七旬,还能为'四化'服务效力,感到无限幸福。"① "繁重的教学行政工作,丰富的政治社会活动,广阔的学术天地,使我的生活无限充沛而有意义,虽然岁月催人老,但是欣逢盛世,在党中央的号召下,愿夜以继日地奋发工作,以补偿26年来失去的珍贵年华;愿以自己的点滴汗水,汇入祖国社会主义波澜壮阔的奔腾洪流中去!"②

1983年以后,钱伟长在社交活动中有两张名片:一张是去北京开会时用的,上面有他的主要社会职务头衔;另一张更为常用,上面就列着上海工业大学(后来变成上海大学)校长、上海市应用数学和力学研究所所长、《应用数学和力学》主编。

钱伟长的晚年有三个愿望:办一个一流的大学——上海大学,要办得像加利福尼亚理工学院那样先进;办一个一流的研究所——上海市应用

---

① 钱伟长:《八十自述》,载《钱伟长文集(下卷)》,上海大学出版社2013年版,第989页。
② 钱伟长:《八十自述》,载《钱伟长文集(下卷)》,上海大学出版社2013年版,第1003页。

数学和力学研究所,要办得像纽约大学柯朗数学科学研究所那样优秀;办一本一流的杂志——《应用数学和力学》,要跻身于国际重要学术期刊之林。为此,他殚精竭虑,鞠躬尽瘁,付出了能付出的一切!

为了实现上述宏大的目标,钱伟长在他人生最后的二十多年来倾注了大量心血,这也是他将他的科学精神和治学理念付诸实践的鲜活历史,更是钱伟长知行合一的奉献精神的集中体现。

第一节　钱伟长与上海大学

钱伟长:"我一直认为,高等学校必须是两个中心一支队伍,教学必须与科研结合,教学不能和科研分家。其实,从本质上看,这是一个涉及大学教育培养什么样的人的问题。大学教育的过程,就是必须要把一个需要教师才能获得知识的人,通过几年的学习,培养成不需要教师也能获得知识、无师自通的人。""社会发展无止境,科学发展无止境,学无止境。社会需要的是成千上万具有自学能力、能不断为自己进行知识充电,进而具备创新开拓能力的人才。这就是大学教育的任务。"[①]

1982年,邓小平同志亲自批示钱伟长出任上海工业大学校长。

1994年,为适应中国高等教育体制改革和上海经济社会发展对优秀人才的需要,由原上海工业大学(上海市属重点大学)、上海科学技术大学(上海市属重点大学,曾隶属于国防科工委,中国科学院等中央部委)、上海大学(由复旦大学、华东师范大学、上海外国语学院等高校原分校组建而成)、上

---

① 钱伟长:《大学必须拆除教学与科研之间的高墙》,载《钱伟长文集(下卷)》,上海大学出版社2013年版,第1407页。

海科技高等专科学校四校优势互补,强强联手,合并组建成新上海大学。

1997年,上海大学跻身国家重点建设大学(211工程)行列;2003年,上海大学率先通过国家教育部本科教育水平评估并被评为优秀;2010年,上海大学被国家教委列入首批卓越工程师计划。

如今的上海大学,无论是办学水平与效益,还是整体办学条件与实力在全国高校中已开始跻身先进行列;钱伟长校长倡导的"自强不息,先天下之忧而忧,后天下之乐而乐"的校训被师生铭记,"求实、创新"的学风在上大生生不息。

2023年3月22日,全球高等教育研究机构Quacquarelli Symonds(QS)正式发布2023年QS世界大学学科排名,上海大学的16个学科进入QS世界大学学科排名前500位,从一个侧面反映出上海大学在世界高校的影响度。

上海大学的快速发展与钱伟长教学思想是分不开的,他在上海大学教育改革、学科建设、教师队伍建设、开拓国际学术交流渠道等方面做出了不可磨灭的贡献,他坚持不懈、不遗余力地在上海大学积极进行教育改革的诸多探索,先后提出的富有创造性的观点和教育理念,与近十余年来高等教育的改革和发展的方向是一致的,充分体现了钱伟长的高瞻远瞩和远见卓识。

上海大学正是钱伟长施行实践他的教育理念和学术思想的"精神家园"——他来上海后一直居住在学校的招待所内,为了学校的发展倾注了全部的心血。他期盼在这里实现他振兴教育的理想和希望。

钱伟长不仅是一位学识丰富、卓有成就的科学家,而且也是一位坚定的高校教育教学改革的倡导者、出色的教育家。关于钱伟长教育思想的相关论述,可见《教育和教学问题的思考》《钱伟长的治学理念与教育思想》等书籍和文献。

一、事必躬亲,践行教育理念

钱伟长在教育理念上的开放、自由、民主的各种探索,是他科学精神特质的体现。马克思说过,将来自然科学与社会科学是不分家的。现在自然科学已经高度分工,各个不同领域急速膨胀的知识,已令学者们无法保证有足够的精力来应对,很难再出现像钱伟长一样的百科全书式的科学家、教育家了。

"拆除四堵墙"是钱伟长在上海大学进行教育改革的核心思想,它对现代教育理念的变革具有极大的推动作用。20世纪80年代初,钱伟长刚到上海工业大学任校长时,就提出"拆除四堵墙":

"拆除学校和社会之间的墙",使大学教育直面社会,与社会变革保持一致,建立校、企、学合作育人、合作教学的实习基地,与社会资源合力培养人才,能使上海大学的教育教学改革更好地满足社会对人才的需求;学校又通过收集社会企业的科技前沿信息,及时调整专业和课程设置,帮助学生熟悉和适应社会对人才的技能需求,增强实践知识能力。

"拆除教学和科研之间的墙",使学校领导和教师进一步体会到,要培养具有创新意识的学生,教师首先要有创新意识和能力,因此应该追踪学科前沿的最新突破,研究学科前沿的最新命题。学校实行"两个中心,一支队伍",培养同时具有科研与教学能力以及创新能力的教师队伍。学校形成了这样的共识:要做一个好教师,教学和科研必须齐头并进。大学的各门学科之间是一个互动的关系,不能分离和割裂。

"拆除各学院各专业之间的墙",使各专业紧密结合、优势互补,使学校向综合型、多科性大学的方向发展。上海大学宝山校区的建筑群有一个特点,即大部分的建筑都由各种连廊连成一体,建筑的"联体"设计贯穿着这样一个理念:提倡文理交叉、学科融合的通识教育,培养全面发的人才。

"拆除教与学之间的墙",提倡教学相长,培养敢于探索、敢于战胜自我,具有创新精神、实践能力和自学能力的学生。钱伟长一直强调让大学教育回归育人的本源——即学生是学习的主体,教师只起到引导作用。在"教"与"学"这对矛盾中,"学"是矛盾的主要方面,要释放学生学习的积极性和创造性。教学相长,提升教师做科研的能力和自身的创造力,这样才能更好地吸引、带动学生的学习,提升育人水平。

徐匡迪院士回忆道:"在钱伟长校长'自强不息'精神感召和'拆四堵墙'的思想指导下,上海工业大学及后来的上海大学师生自20世纪80年代开始,就勇于站在高等教育改革的前沿,在改革的'热点''难点'问题上敢为天下先,推出了一系列'观念上超前,时间上领先'的改革举措,在上海乃至全国都引起很大的反响。当然,改革终不会一帆风顺的,尤其是那种'伤筋动骨'的改革。例如,在钱老的倡导下,上海工业大学于1985年秋一举打破传统的教学体制与管理模式,成功试行学分制、选课制、短学期制。"[1]

早在1977年5月,邓小平同志就提出:"我们要实现现代化,关键是科学技术要能上去。发展科学技术,不抓教育不行。"[2]同年8月他又指出:"我们国家要赶上世界先进水平,从何着手呢?我想,要从科学和教育着手。""从长远看,要注意教育和科学技术。否则,我们已经耽误了二十年,影响了发展,还要再耽误二十年,后果不堪设想。"[3]一直到1992年,在邓小平南方谈话中,他仍谆谆教导:"经济发展得快一点,必须依靠科技和教育。"

钱伟长"拆除四堵墙"、推行"三制"改革,旨在引进国际先进经验,以创新的教育理念和教改措施,构建培养创新人才的良好学术生态环境,实现"因材施教"的人才培养观。在20世纪80年代的中国,钱伟长提出超前的教育改革理念在当时是难能可贵的,他独树一帜的教育思想和治校方略为学校开创了思想解放和学术繁荣的新局面,推进学校各项事业日新月异。钱伟长为我国的教育事业、特别是高等教育事业的发展作出了众人瞩目的贡献。

---

[1] 徐匡迪:《爱国奉献 伟业流长——缅怀钱伟长先生》,载《人民日报》2010年9月7日。
[2] 《邓小平文选(第二卷)》,人民出版社1983年版,第40页。
[3] 《邓小平文选(第二卷)》,人民出版社1983年版,第48页。

二、爱校爱生,事事亲力亲为

从上海工业大学到新组建的上海大学,钱伟长可谓"以校为家、爱生如子"。

钱伟长亲自规划和审定了上海大学宝山校区的建筑群设计样稿,在每一项工作中为学生学习和生活的方方面面给予了最充足的考虑,一切服务于将学生培养成全面发展的具有创新精神的人,体现了钱伟长"以学生为本"的理念。

1983年5月27日,钱伟长在接受《文汇报》记者采访时说过这样一段话:"作为社会主义中国的科技工作者,首先是一个爱国者,辩证唯物主义者,一个有文化修养、心灵美好的人,其次才是一个有专业知识的人。"[①]1990年10月,上海工业大学编制的校庆30周年纪念画册首页有一篇"校长的话",其中除了校训"自强不息"、"拆除四堵墙"等论述外,还有这样一段话:"我们培养的学生首先应该是一个全面的人,是一个爱国者,一个辩证唯物主义者,一个有文化艺术修养、道德品质高尚、心灵美好的人;其次才是一个拥有学科、专业知识的人,一个未来的工程师、专门家。"这段话也是钱伟长育人思想的核心。钱伟长还强调,要培养学生的创新意识和创新能力,使学生具有自学能力和养成终身学习的习惯;要培养学生的科学精神,使他们具有去伪纯真的能力;要培养学生自强不息、顽强拼搏的精神,使学生具有良好的意志品质;要培养学生的人文精神,使学生爱国爱校爱生活……

上海大学的师生都知道,只要健康状况允许,钱伟长校长总是亲临学生的开学典礼、毕业典礼等仪式,直到93岁高龄。他在典礼上的讲话总是情真意切,结合自己的成长经历,谈爱国,谈学习,谈报国,让每一位师生

---

① 钱伟长:《理工科大学生应学点文史知识》,载《钱伟长文集(上卷)》,上海大学出版社2013年版,第504页。

动容。他经常走访学生寝室和教室、研究室,喜欢与学生进行近距离的交流,关心学生的学习和生活,叮嘱学生要把国家的责任放在第一位,为国家的强盛而读书,使得大家始终感受到老校长无微不至的关怀。每一届的毕业生无不对钱校长的为人之真、为师之尊、治学之严、治教之道肃然起敬,在他们的心目中,钱伟长是他们最敬仰的坚韧不拔的爱国者,最崇拜的富有创新精神的科学家,最慈爱、富有远见的教育家和社会活动家。

一个国家的发展根本就在于教育。钱伟长高瞻远瞩地提出了教育需要创新、需要改革,倡导全面推进素质教育,衷心拥护国家的"科教兴国"战略。他期望教育事业的发展能促进国家的社会主义建设事业,所以大声疾呼"振兴教育刻不容缓"。他期望学生学会自学、学会思考、学会实践,所以提倡科学教育,让学生体会科学精神,努力成为国家需要的创新型人才。

1994年5月在新上海大学成立大会上,钱伟长就指出:"实行合并,成立新的上海大学,也是我们四所学校的共同愿望。近年来,我们四校在各自改革和发展的进程中都取得了很大的成绩,但是由于历史的原因,我们大多数还是属于单科性院校,学科门类不够齐全,综合实力也不算一流,如果继续走老路,势必陷入'小而全''低水平'的恶性循环。只有通过多校联合,实行优势互补、资源共享,才能加快发展,提高水平,使学校的各项工作都上一个新的台阶。"

对于钱伟长在上海大学所作出的贡献,与其有过共事、交往27个春秋经历的徐匡迪撰文评述:"可以这样说,没有钱老,就没有上海大学的今天。从确立学校的长远发展规划到寻求国家和地方政府的关心支持,从新校区的规划设计到学校专业的调整发展,从他的独特教育理念的实践到教育教学改革,从新生的开学典礼到送走每届毕业学子,九旬高龄的钱老坚持亲力亲为。还有谁能比他更爱这所学校?还有谁能比他更热爱这所学校的学生?""钱老曾经说过,他身兼数职,但他最看重的还是校长这个职务。为了学校的发展,他真可谓是殚精竭虑、鞠躬尽瘁。""说起钱老对学生的

那份爱,除了为学生成才营造良好的校园环境,健全各项教学管理制度以外,还积极引导学生参与各种社团活动,关心国家和社会大事。"①

作为校长的钱伟长始终坚持亲理校政,他十分关心与教学、科研和服务社会等密切相关的事。从师资队伍的建设、高端人才的引进,到与大型企业对接、承接大型项目;从学校图书馆的建设、原版资料的选购,到实验室的仪器设备的配置;从教导学生正确的学习方法,到鼓励教师学计算机、学英文,开展国际学术交流;从学校行政管理改革,到育人环境和制度建设,他都密切关注。

回首往事,在多年的直接交往中让徐匡迪难以忘怀的是钱伟长的创新思维、卓越才干和高尚品格:"对外,钱老利用自己的影响,充分引入校外资源,包括从国外聘请了一大批著名学者来校讲学或做兼职教授,他们中有陈省身、田长霖、任之恭、戴振铎、李政道、杨振宁等。这些国际大师的到访与兼职不仅为闭塞的校园带来了最新科技信息、活跃了学校的学术氛围,更重要的是为大家传递了一种开放的思维方式,促成上海大学逐渐具备现代大学先进的管理模式。对内,钱老狠抓师资队伍建设,尤其重视学科带头人的培养与引进,在当时人事、户口制度的改革相对滞后的情况下,为了广揽既能搞教学又能搞科研的人才,钱老常常是不辞辛苦,亲自登门造访。在钱老到任后的短短几年间,学校就从清华大学、西安交通大学、复旦大学、中国科学技术大学以及多家科研院所引进了一批高水平人才,他们中有李三立、刘人怀、刘高联、蔡树棠、潘立宙、陈伯时、陈彬、张直明、周家宝、戴世强、傅克诚等,这些人在各自的专业领域、在国内都具有较大的影响,像上海工业大学这样原先师资基础薄弱的地方大学,在短期内能从全国各地、尤其是从著名大学和科研院所引进一批高水平人才,对于较快地提升学科水平、浓厚研究氛围、创立学术新风有着显而易见的作用。"②

---

① 徐匡迪:《爱国奉献 伟业流长——缅怀钱伟长先生》,载《人民日报》2010年9月7日。
② 徐匡迪:《爱国奉献 伟业流长——缅怀钱伟长先生》,载《人民日报》2010年9月7日。

年届七旬的钱伟长选择了上海,选择了上海大学。伴随改革开放30多年的伟大实践,他也实现了自己献身教育的夙愿和振兴教育的理想。钱伟长曾感叹来上海的20年是他一生中最愉快的20年。

钱伟长把精力投入到上海大学的建设中,全家为上海大学的建设付出了巨大的牺牲。就在钱伟长夫人孔祥瑛女士去世的病床边,钱伟长向上海市的领导说,"我和我的夫人都认为我们来到上海是我的一生中最重要最正确的决定,使我能够为国家建设一所好的大学,希望上海市领导关心上海大学。"

钱伟长离世后,钱伟长的儿子钱元凯遵从父亲遗愿将他的藏书悉数捐给学校,钱元凯曾动情地说:"我父亲70岁才来到上大,从此,这位年过半百的老人,就把自己全部的心血投入到上大的建设之中。他期盼在这里,实现他振兴教育的理想和希望。这26年里,他把上大的师生当作自己的亲人,当作自己的儿女,他的家就是在上大。"[①]

钱伟长倾聚心血建设上海大学,钱伟长是上海大学精神的象征。钱伟长校长的科学精神、爱国情怀、办学思想、治校理念都是上海大学全体师生员工共同珍惜和拥有的宝贵精神财富,也必将在上海大学校园内继续发扬光大,不断地激励师生,成为凝聚一代代上大人的精神传统。

正因为如此,2010年7月30日,钱伟长老校长辞世的消息一传出,上海大学全校师生员工陷入深深哀悼的气氛中,许多上大人放弃休假,从四面八方涌来,各校区设置的灵堂内外,人潮如涌;校园内挂满了成千上万的黄丝带,写上了许多发自肺腑的悼词,各种追思会、追悼会自发地召开。一位老校长的逝世引起这样的震撼和悲恸,世上尚不多见。

钱伟长的才华与智慧以及在实践中发展形成的钱伟长教育思想,不仅是上海大学的宝贵财富,也是上海人民乃至全国人民共同的财富。

---

① 上海大学新闻网,2010年8月4日。

第二节　钱伟长与上海市应用数学和力学研究所

科学技术日新月异的发展,对经济、社会和文化的影响也愈加显著。为了适应社会发展、生产生活的需求,应对日趋激烈的国际竞争,就需要我国的科技工作者针对国家发展的需求和世界科技发展的前沿,厚积薄发,砥砺前行,以期早日取得更多原创性的、突破性的重大科技创新成就。

1984年5月16日,上海市应用数学和力学研究所由当时的国家科委发文批准成立,归属上海市科委领导,由上海工业大学进行日常管理,钱伟长兼任所长。上海市应用数学和力学研究所(简称力学所)已经走过近40个年头,在首任所长钱伟长的领导下,在力学学科和相关领域的研究有了长足的进步,已经成为国内有一定影响力的力学研究机构。

科研机构的研究可从以下八个要素展开:研究方向、人才、成果、经费、设施、环境、管理和声誉。回顾和研究上海大学力学所的建所之道,探讨其研究方针和策略、管理和组织的方法,也是了解钱伟长的知行合一、科学报国精神的重要途径。

一、建所背景和历程

1983年元旦,钱伟长履任上海工业大学校长,旋即着手筹办上海市应用数学和力学研究所。当时,我国科技发展正处在百废待兴之时,钱伟长期待在上海建成一片应用数学和力学研究的沃土,进一步推动我国力学和应用数学在国家经济和国防建设中的作用,实践他酝酿已久的建所和治校的教育理念和学术思想。

1984年5月16日,国家科委发文批准成立该所,当年11月1日,上海市应用数学和力学研究所正式成立,上海市副市长刘振元出席成立大会,并宣布由钱伟长兼任所长。上海工业大学主要领导悉数与会,研究所的首批骨干成员和研究生也全部到场,会议气氛热烈欢快。对力学所来说,它是一次难忘的会议,具有非凡的意义。

在成立大会上,钱伟长所长提出了办所宗旨。他指出,要以国内外优秀研究单位为榜样,尽可能学习吸收它们的学术理念,特别提出要学习加利福尼亚理工学院。那天,钱伟长格外兴奋,因为他想创办一个争一流的应用数学和力学研究所的梦想终于实现了! 从此,这个研究所就有了明确的前进方向。与会的研究所成员在会上受到了莫大鼓舞。在众所周知的艰苦环境中,力学所的第一批"拓荒者"白手起家,齐心奋斗。

1984年上海的冬天特别寒冷,而研究所师生们的心特别火热;挑灯夜战成了家常便饭;钱伟长经常在晚间忙完校务后,来到实验室、办公室,与还在工作的年轻人聊天,询问他们工作与生活的情况。翌年,简陋的平房里有了稍有模样的实验室;逼仄的小楼里有了计算中心和资料室;从市科委、国家水电部接来了第一批课题;申请到头两个中国科学院自然科学基金(国家自然科学基金的前身)项目;举办了首届国际非线性力学会议;迎来了36位各国来访问、讲学的专家;建立了上海市教委重点学科……上海市应用数学和力学研究所从此走上了腾飞之路。

2021年11月1日,上海市应用数学和力学研究所迎来了37岁的生日。

37年来,研究所师生秉承钱伟长制定的"从工程中提炼力学问题,在自然科学水平上研究、形成和发展力学的基本理论和方法,再回到工程实际中去解决问题"的学科发展理念,1984年、1993年、2000年,力学学科分别获固体力学、流体力学、力学一级博士点;2019年,获教育部国家级一流本科专业建设点。学科现拥有一支高水准师资队伍,由张统一院士等领衔,包括长江学者2人、国家杰青4人、优青3人,国家级海外高层次青年人才2人和青拔1人,全国万人计划教学名师1人,1人入选中国科协"青年托举计划";拥有教育部长江学者创新团队、国家级教学团队、上海市战略创新团队各1支;多人次获全国模范教师、全国先进工作者、宝钢特等优秀教师奖等。

经过多年建设,学科形成能源工程力学、工程结构动力学与控制、先进材料与结构的力学、复杂流动的物理机理等特色方向。2007年,建成上海市能源工程力学重点实验室,是我国高校中唯一的力学与能源工程交叉的重点实验室。

在人才培育方面,学科秉承钱伟长教育思想,围绕立德树人根本任务,培养具有扎实的数理基础和力学专业知识,具备发现问题、分析问题和解决问题能力的创新型人才。近五年,获国家级人才/荣誉称号7人次,国家及省部级教学科研奖项14项,相关工作在《科学》《自然》子刊等高水平期刊上发表。钱伟长创办的《应用数学和力学(英文版)》是有重要影响的力学期刊,发起的国际非线性力学会议是国际理论和应用力学联合会旗下的系列会议,全国现代数学和力学学术会议已举办17届;钱伟长力学seminar已举办940余期,众多国内外知名专家学者来访开展讲座交流。

二、建所方略和实践

(一)建所宗旨和指导思想

一个研究机构能生存下来并长足发展,必须要阶段性地调整和完善自己的方针,才能适应时代发展的需要。上海大学力学所在诞生之时就定下了明确的宗旨和性质,并且确定了明晰的研究方针,这些方针对于该所后来的发展产生了很重要的指导作用。

在1984年11月1日研究所成立大会上,钱伟长所长提出办所三大宗旨①:

第一,研究所要为国民经济建设(特别是为上海市的经济建设)服务,在社会实践中提炼问题,上升到理论高度来认识,将所获得的成果回到实践中检验,并总结出新的理论;

第二,在出成果的实践中,培育一流的优秀人才;

第三,"请进来,打出去",强化学术交流。

麦克斯韦在就任著名的剑桥大学卡文迪许实验室物理教授时提出如下的建室思想:"培育和传播真实的科学原理和深刻的批判思想;教育应立足于科学说教与基本感觉的结合;教学和科研应系统地结合;自制仪器与自己动手实验;熟悉、比较和评估各种科学方法;将准确性与推测结合起来。"② 与卡文迪许实验室相似,力学所有着办所思想所蕴含的精神方法和发展起来的优秀传统和学风。

钱伟长曾阐述过为什么要成立这个研究所、为什么起名为应用数学和力学研究所。他指出,数学和力学是人类科学史上最早发展起来的两个学科,是我们的老祖宗根据生产实践的需要创造的,要是没有数学和力学"打前站",人类就只能一直在黑暗和混沌中摸索;而数学和力学从一开始就是"双胞胎",不分彼此,只是经过千余年的发展,数学有了纯粹数学与应用数学之分,纯粹数学自成体系,而应用数学则始终与力学结缘、与工程应用结缘。我们这个研究所冠名应用数学和力学,就是要推动数学与力学的继续结缘,以最先进的数学工具来研究力学,以力学的进展来

---

① 戴世强、陈然、冯秀芳:《Seminar——头脑风暴的孵化器——上海大学应用数学和力学所seminar剖析》,载《中外力学思维纵横——第四届全国力学史与方法论学术研讨会论文集》,大众文艺出版社2009年版,第211—222页。
② 阎康年:《英国卡文迪许实验室的成功之道》,广东教育出版社2004年版,第32页。

推动现代数学的发展。当然,要发展力学,仅仅靠数学不够,还得借助于先进的实验工具和科学计算工具。

钱伟长还强调指出:力学不能关在"金字塔"里成长发展,走出去,海阔天空。社会经济需要,从来就是力学的生命力的源泉;不与国家经济建设相结合,就意味着力学成为无源之水,走向枯竭和消亡。因此,我们不能"关门办所"。既然我们在上海办所,就应该为上海市的经济建设服务。

一个科研机构要发展为世界一流,可持续地开拓新的治学思路和打开新的科研领域是最重要的方法之一,应用数学和力学研究所在建所之初就选择了正确的指导思想和发展之路。

(二)教研结合,始终坚持钱伟长的治学理念和科学精神

可以说,上海市应用数学和力学研究所的每一步发展无不渗透着钱伟长的科学精神和治学理念。

钱伟长一贯强调,作为应用数学和力学工作者,应该时刻牢记,要为解决实际问题而工作。1984年,当他亲手创办上海市应用数学和力学研究所时,就特别强调了办研究所必须面向实际。1990年,他在上海工业大学校庆30周年时提出,一段时间以来,我们的改革重点是"拆四堵墙",它们是学校与社会之间的"墙"、教学与科研之间的"墙"、各系和各专业之间的"墙"、教学思想上的"墙"。其中的一个重点就是办学、治学要面向实际,为社会服务。

钱伟长经常用他的研究生导师辛格的话来激励大家:我们应该是解决实际问题的优秀的"屠夫",而不是制刀的"刀匠",更不是一辈子欣赏自己制造的刀多么锋利而不去解决实际问题的刀匠。他的学术兴趣十分广泛,在政治运动中有时受到讥讽,他说:"有人在'文化大革命'中贴我大字报,写我是'万能科学家',因为我对什么都有点兴趣,都想干一番,都想提点意见……"其实,他也不是盲目乱干,他曾说:"我做工作一切从实际出发;有需要,我就干;有不懂的,我就学;边干边学,摸着石头过河,只要对岸有果子要摘,再宽的河也要过。我敢于过河,不怕呛水。"他在谈论

应用数学时说:"数学领域是汪洋大海,人们的物质生产活动和社会活动也是汪洋大海。搞应用数学的人必须要有勇气面对这两个汪洋大海,有时还得有大智大勇敢于跳进这两个大海,才有可能勇敢搏斗,抵达彼岸。"①

(三)广纳贤才,任人唯贤

上海市应用数学和力学研究所的建所之路上涌现出不少"英才""良将",这也充分体现了钱伟长领导下的力学所善于发现和培养人才,不仅面向全国甚至国外广纳贤才,还不断创造环境培养学术骨干。

早在建所之初,钱伟长就从各处抽调"精兵强将",把潘立宙、蔡树棠、卢文达、孙厚钧等在科研中已有所建树的科研骨干吸引到力学所,钱伟长曾说,这批老师是中坚力量,在他们的带领下,大家在实践中摸爬滚打,不出五年十年十五年,就会涌现一批杰出的人才。令人高兴的是:我们从各大名校招来了一批博士生,他们是我们研究所的希望!我们还要把门打开,把洋专家、土专家请进来,有机会自己走到所外去,走到国外去,不拘一格培养人才。我们还要把已经开始半年的 seminar 坚持不懈地办下去,把学术讨论的气氛搞得浓浓的。这才像一个真正的研究所。

从建所到钱伟长逝世的27年里,在产生大量优秀学术成果的同时,新一代优秀的力学人才迅速成长,形成阵容强大的学术骨干队伍,其中有博士学位的占梯队成员的90%。培养的博士研究生有不少已成为各单位的业务骨干。

上海大学力学所在人才培养和选拔上的成功,保障了力学所的可持续发展。每一个进所的博士都要经过简历和科研履历的筛选、个人面试,还必须做一次面向全所的工作报告和答辩,并通过教授委员会投票才可能成为力学所的一员。力学所几近严苛的人员招聘要求和进所流程,也保证了每一个顺利进入力学所的年轻学者能够在短时间内脱颖而出。

(四)根据社会需要驱动科研选题,促进科研合作

在科研选题立项和实际开展过程中,如何产生想法和进行选题是极

---

① 戴世强:《论钱伟长的治学理念和学术风格》,载《力学进展》2003年第1期。

其重要的。

钱伟长在上海大学培养的第一位博士黄黔曾说:"钱先生的科研工作不是囿于一个狭窄的专题。他擅长于应用科学和科学的应用,像是拿着一把纯科学和生产之间的钥匙。"① 他也将这个理念贯彻到指导应用数学和力学所的科研选题之中。

上海大学应用数学和力学所建立之后,根据社会需要进行科研选题,比如非线性板壳及波纹管力学,重大工程结构损伤、耐久性和寿命预测,叶轮机流体力学中的反命题和优化命题的变分原理,交通流动力学,工程及环境流体力学,飞行器空气动力学及飞行器设计,生物组织、材料和仿生材料与结构力学,细胞与分子力学,微纳米力学等。在这里可以举两个所内学者进行科研选题的例子。

狄勤丰原在石油大学工作,他的科研立项与石油工程密切相关。他每年几乎有一半时间泡在全国的各个油田里,从中发现问题、解决问题。大约2000年前后,他发现了钻井采油的一个关键技术问题——钻杆难以稳定地快速直打,便敏锐地抓住此问题,经现场观察和文献调研,确立了"直井眼防斜快打技术"这一项目,通过艰难摸索(理论分析、数值计算和试验、实验),发明了一种预弯曲动力学方法——"双稳定器滑动导向钻具组合",并在各油田反复试用和推广,取得了数以亿元计的经济效益,从而获得了2008年度上海市科技进步一等奖。狄勤丰的科研选题主要来自直接的工程实践。

张田忠的科研选题主要来自解决现代纳米科技中的关键技术问题。他集中攻克了碳纳米管难题。二十几年前,他进入这一新兴科技领域,发现作为多种纳米器件的要素——碳纳米管的力学机理不甚清晰,故而很快选定以此为主攻方向,不久就有了创新性成果,2003年发表在固体

---

① 黄黔:《我的导师钱伟长教授》,载《智慧之泉——"我的老师"征文选》,教育科学出版社1985年版,第31页。

力学国际权威刊物《固体力学与物理杂志》(JMPS)的论文位列年度Top Articles(Most Downloaded)第二名。接着,他通过分子动力学模拟发现了碳纳米管塌陷过程中的多米诺现象。储藏在碳纳米管中的范德华势能会在多米诺过程中释放出来,部分转化为动能,从而使得碳纳米管在纳米器件中不仅可充当储能单元,而且可成为供能单元。作为示例,论文给出了一种多米诺式驱动的纳米枪,其出口速度可达1 km/s,10倍于"沙漠之鹰"手枪的出口速度。2007年论文在物理类顶尖刊物《物理评论快报》(PRL)发表后,很快被英国《自然》杂志和网上刊物《自然纳米技术》《自然中国》遴选为中国大陆和香港地区的突出研究成果并作为"亮点"(highlight)予以专文报道。张田忠博士认为他取得这些新成果来自"对未知事物的好奇心、持续的研究兴趣和力学所良好的科研环境"。

三、成功之道:良好的研究环境和学术氛围

良好的研究环境和学术氛围是一个科研机构成功的主要因素之一。上海市应用数学和力学研究所的seminar就是该所科研文化的结晶,更是该所良好的研究环境和学术氛围的突出体现。

钱伟长曾说过,新的科学思想往往是在浓厚的学术气氛中相互讨论、相互启发、突然爆发出来的。根据他的治学理念,力学所的seminar应运而生。早在力学所正式成立之前的1984年4月7日,正在筹备中的力学所就举办了首期seminar,钱伟长身体力行,主讲"弹性力学中的广义变分原理",而在力学所正式成立之前的半年中,就举办了15次seminar,局面艰难地打开了。

创办艰辛,坚持更难。建所初期,seminar活动常受日常教学科研活动的冲击。这时,钱伟长反复强调seminar活动的意义,他指出,讨论可以产生很多有益的思路,产生思想火花,产生"头脑风暴",这是创新的一个很重要的条件。创新必须交流,关起门来是不能创新的,而seminar是内外交流的最佳形式之一。

钱伟长强调，力学研究必须从基础研究做起，不然就没有后劲；力学研究必须与工农业生产实践结合，否则就成了无源之水；力学研究必须开阔视野，广泛调研，不然就成了"聋子""瞎子"，占领不了学科前沿领域。他指出，"请进来"，要请"高人"，各行各业，只要与力学挂钩的、有一技之长的，不管校内校外，都要请。从1984年4月至钱伟长逝世前，在力学所举办的750余期seminar中，共请了900余位主讲者，大部分来自所外，其中海外学者200多人，累计参与者超过55 000人次。在seminar上提问者众多，讨论气氛异常活跃。如今，上海大学力学所seminar远近闻名，所外学者皆以在力学所做seminar报告为荣，seminar已成为力学所的文化结晶，也是各路远道而来的听众和学者的"科学研究的饕餮大餐"。

其实，除了seminar之外，为了更好地激发科研人员的创造性，力学所在科研管理、组织和服务上都做了很多实践和尝试，在机制和制度上也做了一些探索，如聘任制、科研考核和研究生培养体制等。

闻名于世的英国剑桥大学卡文迪许实验室不仅善于开拓全新的研究领域、提出具有原创性的课题，堪称科学大师的摇篮，该实验室还一直坚持平等讨论、自由交流的学术氛围以及献身科学和追求科学真理。上海大学力学所也一直在努力成为像卡文迪许实验室一样的科研院所。建所的20多年里，是年逾古稀之后的钱伟长以旺盛的精力和热情开辟教育和科学新天地的20多年。在繁重的各类事务之中，钱伟长最关切的是视如己出的上海大学和力学所。就连他在担任国家领导人和诸多社会职务的时期，力学所的每一步发展和决策他都是事必躬亲的。力学所的发展主要应归功于钱伟长正确的办所思想、治学理念的指导，更体现了他知行合一的奉献精神与勇于开拓、致力科技强国和科教兴国的科学精神。

钱伟长与力学所的27年，在人类的历史长河里只不过是弹指一挥间，但在上海市应用数学和力学研究所的历史上，却留下了令人铭记和欢欣鼓舞的重要篇章。钱伟长逝世后，力学所坚持首任所长钱伟长的办所理念和科学精神，厚学力行，为国家建设和社会发展创造出了更加辉煌的业绩！

第三节　钱伟长与《应用数学和力学》杂志

为了国家的科技发展,为了促进应用数学与力学的交融,为了给国内外学术界提供一个互动的渠道,也为了培养更多的应用数学和力学人才,创办科技刊物一直是钱伟长的夙愿。

一、从无到有,艰难创刊

1978年,我国进入"科学的春天",整个社会尊重知识、学习知识成风,科技界热气腾腾。"文革"期间被禁锢的热情迸发出来了,研究成果开始成批涌现。但当时科技刊物寥若晨星,力学类的期刊也就《力学学报》等几种,学者们发表论文很困难。当时的钱伟长痛感国内学术审稿制度的缺陷,不利于学术研究和科学成果的发表,甚至会影响我国的科学发展,他很想改进刊物的审稿制度和学术环境,想以自己的办刊理念创立一个新刊物。

1978年,钱伟长在北京建立了中国力学学会理性力学与力学中的数学方法专业组后,马上着手组织各类学术活动。当时国内的力学研究正处于恢复阶段,怀着极大科学热忱的钱伟长凭借自己的学术影响和学界威望,很快就吸引和集结了数百人的科研队伍,并且其中的大多数是对力学的基

础研究有兴趣的中青年学者。他就召集了以专业组成员为核心的小组,开始筹备创刊。钱伟长提出了初步方案,几经讨论,确定了如下宗旨和方针:

第一,刊物定名为《应用数学和力学》,属于力学基础研究类刊物,这里的应用数学主要是以力学为应用背景的数学,与美国的《应用数学季刊》和《应用数学研究》的内涵相仿;

第二,刊物先是季刊,将来办成双月刊或月刊;

第三,刊物同时出版内容相同的中英文版;

第四,刊物实行编委推荐负责制;

第五,刊物的编委会应是活跃在科研第一线的中青年学者,只看实际能力,不看资历。

其中的后三条在当时的中国,绝对是开风气之先的! 1980年,编委会成员的初步名单随之敲定,在三十几位编委会成员中,只有两位院士、少数几位知名教授(如副主编谈镐生院士、叶开沅教授),教授共5名,其余93%的成员为副教授(副研究员)、讲师(助研)。

从1978年开始,钱伟长就抓紧筹备办刊,通过全国各地的学生多方寻求主办单位,结果四处碰壁。按规定,办刊先得确定到主管单位。既然是力学类刊物,钱伟长便顺理成章地去找中国力学学会,钱伟长提出的办新刊的想法,马上碰了一鼻子灰:"'摘帽右派'想当刊物主编,没门!"由于他尚未彻底平反,未恢复清华大学副校长职务,身份尴尬,北京、上海许多重点大学也不敢承接。几经周折,他得到他早年的学生、在兰州大学任教的叶开沅的响应。但那时叶开沅也才平反不久,兰州大学也不便接手。再辗转找到叶开沅1965级的学生、在重庆交通学院任教的王志忠,加上中青年教师徐尹格、张禄坤和许生超三人,在该院搭建起杂志编辑部。办杂志须有主管单位,钱伟长又千方百计地寻求到交通部作为主管单位,又在重庆印制一厂落实了印刷事宜,由钱伟长亲自担任主编,题写刊名,终于创建了全国性学术刊物《应用数学和力学》,并于1980年5月出版了《应用数学和力学》中文刊、1990年1月出版了英文刊。

然而,要同时出版杂志的英文版,在重庆交通学院确有困难,钱伟长又找到他的老朋友、时任华中工学院院长兼党委书记的朱九思来帮忙,至此,大局已定。《应用数学和力学》的中英文版分别在重庆交通学院和华中工学院出版。这样的格局保持到钱先生入掌上海工业大学、朱九思69岁离休之时,此后,英文版改由上海工业大学(现上海大学)出版。

二、屡开先河,快速发展

《应用数学和力学》杂志办起来了,作为缔造者和掌舵人的钱伟长也亲自为之忙碌了二十多年,直至年过九旬!在很长一段时间内,杂志的运作过程大致如下:重庆编辑部把稍经技术处理的稿件送到钱伟长处,由他逐一过目,每次定稿三四期,发回中英文版编辑部,同时出版。凡是无编委推荐的稿件,均由他亲自决定是否发表。

钱伟长一开始就为《应用数学和力学》确定了正确的宗旨和明确的办刊方向,也使得《应用数学和力学》创办后得到了快速的发展。他指出,"应用数学和力学"是"力学中的数学方法"的同义词,这里完全按照欧美的习惯用法采用了前者。

由于定位准确,《应用数学和力学》问世后旋即在国内外学术界引起了极大的重视。1980年出版了三期季刊后,于1981年改为双月刊,1985年进一步改为月刊,短短五年内就创造了我国科技期刊史上高速发展的奇迹,成为全国第一家力学类月刊。

应用数学和力学编辑部和出版社严格遵循编辑出版程序,又尽力提供方便,及时发稿、支付稿酬;在当时纸张、印刷极度紧张的条件下,提高用纸规格,保障优质印刷,支持该刊改为月刊。1985年该刊发表论文117篇,成为创刊以来刊登论文最多的一年,也是按时出版最好的一年。钱伟长还考虑到当时科技人员工资很低,为了让更多的读者买得起,他把刊物的价格定得很低,1985年每册定价才1元,这在当时的全国学术期刊中是定价最低的。

在钱伟长的指导下,1991年,《工程索引》(EI)收录《应用数学和力学》为核心期刊[①];1993年,《中国科学引文数据库》确定《应用数学和力学》为源期刊;1992—2000年,《中文核心期刊要目总览》第1、第2、第3版先后确定《应用数学和力学》为力学类、数学类、物理学类和一般工业技术类核心期刊;1999年,《应用数学和力学》被《科学引文索引》(SCI)确定为源期刊,收入扩展版;同年,《应用数学和力学》又被国家自然科学基金委员会、国家科协评定为择优资助基础性、高科技学术刊物;2001年;《应用数学和力学》中文版和英文版双双被国家新闻出版总署评定为"中国期刊方阵"双效期刊。[②]

三、影响渐广,与时俱进

《应用数学和力学》主要发表力学、力学中的数学方法和与近代力学密切相关的应用数学的创造性学术论文,以中文、英文两种版本向世界50多个国家和地区发行,是国内外学术界有影响的专业学术月刊。不仅反映了力学和应用数学的前沿研究状况、促进学术交流,并且为推动了我国力学和应用数学的发展、坚定不移地为应用数学和力学工作者服务、为我国国民经济建设和科学现代化服务起到十分重要的作用。

从1987年起,钱伟长担任全国政协副主席,社会工作异常繁重。但完全令人意想不到的是,在这样日理万机的情况下,他仍然坚持要该刊编辑部把全部来稿统统都寄给他,由他逐篇审阅,亲自挑选,确定每一期入选论文,并排出目录,有的还亲自修改,这一工作一直到他90岁高龄。他还为该刊撰写论文41篇,推荐论文488篇。

钱伟长的选稿标准很高,选中稿件的水平都居于我国前列,有的还为世界领先。他不徇私情、不讲关系、不看作者背景,只看稿件质量,即使是

---

① 中国科学技术信息研究所:《1991年中国科技论文统计与分析(年度研究报告)》,1992年,第99页。
② 吴承平、张禄坤:《前进中的〈应用数学和力学〉》,载《重庆交通学院学报(社会科学版)》2004年第4期。

由名牌大学校长推荐，水平不够也绝不采用。他曾直言不讳地说，自己反对目前国内有些杂志，为了照顾关系，发表的有的文章质量很不像话。主编杂志，自己只认文章，不认私人面子，首先考虑的是杂志的信誉。

为了更好地办好刊物，提高刊载文章的水准，钱伟长还群策群力，充分发挥编委们的作用，保证了刊物的高水平。钱伟长办刊，鼓励百家争鸣。编委会负责制是该刊学术领导机制，编委会是该刊选稿审稿及保证质量的决策机构，编委本身也是审稿人和作者。编委会的构成和水平，对该刊质量有着举足轻重的作用。钱伟长以宏大的气魄，先后邀请了155名学者担任该刊编委，其中包括17名中国科学院院士、5名中国工程院院士、2名中国科学院外籍院士，他还先后聘请了10名国际知名学者任特邀编委。海纳百川，人才济济，包容了国内国外各家学派领军人物的该刊编委会，成了该刊质量的坚强保证。

钱伟长还着眼于国际交流，力主创办"外向型"刊物，将刊物打造成一个将国际国内成果"请进来，打出去"的平台，让国内的科研人员有机会向世界展示他们的才华，同时将国外科学家的成果介绍到国内来。他在办刊之初，就不惜工本地把刊物发到SCI、EI、AMR、ZB、MR、SA等国际知名的检索和评论刊物的总部，很快赢得了它们的关注和认可。

钱伟长敢于也善于扶持年轻人，把他们放在重要的岗位上，放手让他们在辽阔的土地上驰骋，使国家的应用数学和力学事业后继有人。为了扩大期刊的影响力，钱伟长还发动编委，在全国各地以期刊的名义，组织了近50期应用数学和力学方面的学术讲座，听众逾两万人，大大促进了期刊的发展。

钱伟长敢为天下先和知行合一的奉献精神，使得他创办了具有自己教育理念和风格的大学、符合自己科研理想的研究所，还创办了自己最满意的刊物。如今钱伟长离我们而去了，但他把他的科学精神留给了后来者。《应用数学和力学》刊物肯定会在钱伟长办刊思想指导下，开创更美好的前程。

《应用数学和力学》(中文版)发刊词

钱伟长

为了在新长征道路上发表我国力学和应用数学的新成就,并真正做到学术上的百家争鸣、百花齐放,用以推动我国应用数学和力学的发展,我们在中央交通部、重庆市委和市科协,以及重庆交通学院的关怀和大力支持下,编辑出版了这本全国性的学术刊物。在筹备过程中,迅速得到了全国各地力学界和应用数学界的热烈响应,文稿纷至,美不胜收。这显示了我国力学与应用数学界不愧是勤劳才智的中国人民的科学界,是有志气、有才能在四个现代化的长征道路上作出国际水平的贡献的。

自牛顿(Sir Isaac Newton,1642—1727年)奠定了现代力学的基础以来,力学发展中的无数事实证明了力学和应用数学是一对孪生兄弟,它们互相依赖,齐头并进,不可分割。牛顿为了正确叙述质点运动的速度和其他运动量的概念,在他的老师拜罗(Isaac Barrow,1630—1677年)关于解析几何中对切线和求面积两个命题是互逆问题的认识基础上,创始和发展了微积分,从而出现了近代数学的分析方法。在以后的三百多年里,力学为数学的发展壮大提供了无穷无尽的营养资源。而反过来,数学也为力学中解决实际问题提供了层出不穷的新颖手段。从速降线的命题,提出了变分法;从热传导的计算,提出了傅立叶级数;从相对论的探讨,发展了一般张量分析;从航空结构计算的需要,找到了利兹(Ritz)的近似变分原理;从复杂力学结构物的强度计算,发展了有限元这样的计算方法;从力学中的非线性问题的求解需要,出现了奇异摄动理论;从稳定性问题的研究,导出了突变理论。可以说,近代数学的不少分支,都是应力学工作的需要而提出来的;反之,这些数学的发展,大大地推动了力学的发展,对力学解决实际问题的能力方面,起了如虎添翼的作用。在习惯上,我们称这一部分力学中的数学方法为应用数学。理论物理的发展和这些应用数学也是密切相关的。从20世纪30年代以来，由于系统工程的发展，还有一些数学分支，像运筹学的各个部分，也称应用数学。我们这个刊物所指的应用数学，当然指和力学发展密切相关的那一部分应用数学。

百家争鸣和百花齐放是在新长征道路上，我们党中央提倡学术民主，大力推动科学发展的指导方针。自然科学的发展离不开学术民主。现代力学的开创时期，像伽利略（Galileo，1564—1642年）等人，都为自然科学的真理，争取学术民主，在遭受反动宗教封建势力的迫害中成长起来的。三百多年来国际上力学科学的发展中，也时时刻刻显示着百家争鸣、百花齐放的生命力。傅立叶（Jean Baptiste Joseph Fourier，1768—1830年）和爱因斯坦（Albert Einstein，1879—1955年）的创造性工作，都是对科学上某些习惯性思想的大胆突破。如果用清规戒律来束缚这些突破性工作的公布，则他们的创造性思想，至少将延缓若干年才能成为科学界所共有的财富，甚至将长期不能和科学家见面，从而延缓或阻滞了科学的发展。

为了大力提倡学术民主，贯彻百家争鸣和百花齐放的方针，我们大胆放弃了编辑部的审稿制度，采用编辑委员的推荐制度。编辑委员都有权向本刊推荐学术论文和发表自己的科研论文。本刊编辑部除了对各篇论文进行政治审查和保密审查外，将不再做业务审查而予以发表。在论文发表时，公布推荐人，以示负责。为此，我们在全国范围内组织编辑委员会，尽可能地把全国力学界和应用数学界中正在科研第一线工作的科学家聘为编辑委员。他们既有老一辈的，也有中年的。当然，名单肯定是不完备的，我们将根据工作的发展情况，逐年加聘编辑委员，从而逐步扩大推荐范围。

为了鼓励学术讨论，贯彻双百方针，我们将从第三期起，增辟学术讨论栏，刊载读者对本刊登载过的论文的意见和讨论短文，并请该文作者和推荐者答复。我们将用学术讨论栏来展开实事求是的真正的善意的学术讨论。

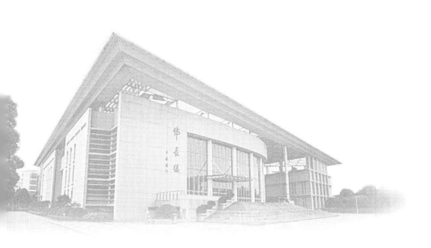

第五章 钱伟长探索真理的求实精神

科学活动面对的是不以任何人的意志为转移的客观世界。在科学研究中,科学家必须首先尊重事实,从事实的本来面目去探索规律,不能带有任何的个人情感色彩。正如爱因斯坦所说:"相信一个离开知觉主体而独立的外在世界,是一切自然科学的基础。"科学是老老实实的学问,来不得半点虚假和浮夸,要正确认识自然界,要揭示客观事物的规律,科学活动的主体必须踏踏实实地工作,尊重客观事实、尊重客观规律必然是一切科学活动的基本出发点,这就需要有一种探索真理的求实精神。

钱伟长探索真理始终坚持求实精神,用实事求是的原则来指导工作。他所提出的有创意的理论和实践问题,都是与他坚持实事求是的思想观点相联系的。

第一节　参与制定中国科技史上的第一个规划

一、党中央发出"向科学进军"的号召

组织实施大型的以国家目标为导向的基础研究任务是解决国家社会发展、国民经济和国防建设重大需求的一个重要途径。在新中国成立之初，民生问题是首先要考虑的，军事的需求也是头等大事。抗美援朝战争结束后，我国开始实行第一个五年计划（1953—1957），科技如何为经济恢复和发展服务、为国家安全服务成为当时决策层考虑的头等大事。与此同时，经过五年时间，到1954年，我国国民经济得到迅速恢复并开展了有计划的经济建设，初步建立起新中国的工业基础。这时，第二个五年计划也在酝酿中，国民经济发展的各个领域都呼唤科学技术对经济建设的支撑和推动，制定一个科技发展的长远规划势在必然[①]。

1956年1月，周恩来总理在全国知识分子工作会议上，代表党中央向全国人民发出"向科学进军"的号召。半个月后，毛泽东主席在最高国务会议上号召："我国人民应该有一个远大的规划，要在几十年内，努力改变

[①] 孙英兰：《中国科技史上的第一个规划》，载《瞭望》2009年第27期。

我国在经济上和文化上的落后状态,迅速达到世界上的先进水平。"[1]聂荣臻在他的回忆录中写道,对这个规划的总的方针和要求,周恩来作了明确指示:"这个远景规划的出发点,是要按照需要和可能,把世界科学的最先进成就尽可能迅速地介绍到我国来,把我国科学事业方面最短缺而又最急需的门类,尽可能迅速地补足起来,根据世界科学已有的成就来安排和规划我们的科学研究工作,争取在第三个五年计划期末,使我国最急需的科学部门能够接近世界先进水平。"[2]

二、被选派参加制定"12年科学规划"

1954—1956年,钱伟长被选派参加了由周恩来总理亲自领导的制定我国自然科学十二年的规划工作。《1956—1967年科学技术发展远景规划纲要(草案)》从确定科学任务项目、到与各个学科协调、再到具体的人员经费等规划,都是重要又复杂的,而且工作视野要求很高。钱伟长与钱学森、钱三强一起,建议以生产需要为出发点确定了55个项目,周总理指出还应该增加自然科学基础理论的研究任务,要采用以任务为经、以学科为纬、经纬结合的科学规划方法。这样就形成了有56项任务的十二年规划的框架,其中原子能、宇航、计算技术和计算机、自动化和基础理论为重中之重,定位为6个紧急项目。那时的钱伟长就以"视野宽、水平高、谈锋健、心肠热"为大家熟知,因此向他讨教的人很多,在科学规划委员会之下设有一个"综合组",相当于"参谋部",钱伟长便顺理成章地成为综合组中的一名主要成员,负责几个任务项目的规划。

在两年多的规划工作中,钱伟长和各路专家需经常向周恩来总理汇报工作,有不少次是在深夜或清晨进行的。周恩来总理一方面强调科学

---

[1] 孙英兰:《中国科技史上的第一个规划》,载《瞭望》2009年第27期。
[2] 孙英兰:《中国科技史上的第一个规划》,载《瞭望》2009年第27期。

规划必须服从生产建设的需要,一方面又强调基本理论和科学实践对于教学发展的重要性,不止一次提醒大家各种科技发展既要有国际通用的共性,更应该结合我国资源分布情况和各个地区的特点。

"'十二年科学规划'草案编制完成后,张劲夫带着600多万字的资料去向周总理汇报,因为他是秘书长。汇报的时候周总理提出:'这么一大摞资料,这么多重点,国务院应该主要抓哪些?'张劲夫也意识到了这个问题。他当机立断,决定趁着参加规划的科学家还没有离开北京,组织专门小组研究。小组成员有钱学森、钱伟长、钱三强、黄昆、王大珩、罗沛霖、马大猷等科学家,他们都是中国科学界的精英。科学家们各抒己见,提出了许多好意见。经过分析、综合、归纳,科学家们认为最重要、最紧急的有6项,即原子弹、导弹、计算技术、半导体、自动化技术、无线电电子学。前两项属于军工尖端技术,国家已有特别安排。后边的四个领域,国际上发展很快,在我国还是空白,但它们又是直接服务于'两弹'的前沿尖端技术,必须采取紧急措施,把它们搞上去。"①

钱伟长在《八十自述》中提道:"他(周总理)一再提出:'我们为什么不能发展以我国特有的富产金属为主的合金钢系统''我国的稀土元素南北都富有,为什么不能开发使用到农肥和其他轻工业方面去呢''西部北部沙漠那么大,怎样治理,北方干旱地区那样大,研究适合这种地区的农业和粮食品种十分重要''我就不信我国是贫油地区,洋人的找油理论可能有局限性''不要忘了中医中药的研究'等。周总理的每一次接见,每一次谈话,都使我们加深理解到身为华夏子孙的中国人,对开发这块养育着中华民族的土地有着无限的责任感,而在制定规划中,以高昂的热情经常通宵达旦地工作着。周总理不断鼓励我们为我国科学事业作出贡献。在规划接近完成时,周总理公开赞誉我和钱学森、钱三强为

---

① 孙英兰:《中国科技史上的第一个规划》,载《瞭望》2009年第27期。

'三钱'。"①

这是我国有史以来第一次以国家的需要出发,制定的一个科技发展规划。最后确定的6个紧急项目的过程是钱伟长实事求是、崇尚真理的表现,也成就了著名的"三钱"之称。原来在最后确定这个6个紧急项目的过程中,钱伟长的正确主张遭到了大多数专家的反对。专家们倾向于以各自的专业、学科或研究领域作为规划的重点,主张单纯地以学科来规划。要制定一个全国性的、长期的、全面的科技发展规划,对于成立不久的新中国而言是史无前例的,在国际上也没有经验可以借鉴,但钱伟长深知有一点必须坚持:一切要以满足国家的迫切需要为第一准则。钱伟长等人提出的科学远景规划让与会的一些老先生们不满意了,因为这样一来数学、物理没地方去了。但钱伟长关注的并不是某一个学科,而是国家整体的科技实力应该怎么发展的问题。几百人专家学者,纷纷强调各自专业的重要性,大家争成一团。此时,钱伟长的意见得到了钱学森和钱三强的坚决支持,他们都是享誉海内外的大科学家。

"制定一个如此门类众多的全面的发展规划,对参与者来说无疑是一个巨大挑战。不过,我们有两个有利条件:一是当时我们虽然遭受西方国家的封锁,引进外国的技术很困难,但我们与苏联和东欧国家有科技交流与合作,在制定规划时,除已在华工作的苏联专家外,还邀请了16名苏联各学科的著名科学家来华,帮助我们了解世界科学技术的水平和发展趋势。"吴明瑜说,"更重要的是我们有人才基础。国民党政府迁往台湾时有一批优秀的科学家自愿留在大陆。同时,从1949年到规划前,先后从海外回来的科学家超过3 000人,具有高水平的科学家有几百人,其中大部分人都参加了规划工作或执行工作,如钱三强、华罗庚、李四光、赵忠尧、赵九章、葛庭燧、殷宏章、吴文俊、钱学森、罗沛霖、侯祥麟、钱伟长、邓稼先、马大猷、王大珩、陈芳允等,他们中不少人当时都年富力强,大都是世界知

---

① 钱伟长:《八十自述》,载《钱伟长文集(下卷)》,上海大学出版社2013年版,第980页。

名的科学家,这对我们当时掌握世界科学技术发展最新动向、填补国内空白学科和加强薄弱学科的建设起到了至关重要的作用。这也是'十二年科技规划'之所以比较成功的重要原因。"[1]

而钱伟长也凭借着在规划工作中实事求是、一切以国家需要出发的理念获得了多数人的认可。也有人评价他是一名高瞻远瞩的战略型科学家。1956年4月规划工作结束后,钱伟长又被任命为国务院科学规划委员会委员,并负责筹建自动化研究所及自动化学会。在这以后,周总理指示在更大的范围宣传科学规划的内容,以鼓舞广大科学工作者积极参与,进行长期更艰苦的实践和工作。在周恩来总理的号召下,钱伟长应各省、市领导同志的邀请,在北京、上海、南京、广州、武汉、山西、保定各地作了关于"我国科学工作者的任务"的报告,各地听众反响热烈,对科学规划的宣传和推进起到了不小的动员作用。

---

[1] 孙英兰:《中国科技史上的第一个规划》,载《瞭望》2009年第27期。

第二节　求学治学恪守求真务实

一、谈作弊——杜绝作弊要从端正教育思想入手

1986年4月18日,钱伟长在《青年报》上发表《杜绝作弊要从端正教育思想入手》一文,对学生考试作弊的现象进行了探讨,实事求是地分析了表现、成因和解决的办法。他认为:"作为一种社会现象,学生考试作弊确实普遍存在,并且有蔓延的趋势。把这个问题提出来,在报纸上开展讨论,以引为学生、家长、教师、领导乃至社会的警惕,是十分有意义的。依我看,学生考试作弊现象之所以普遍存在,手段趋向'现代化',观念上也不以为耻,这固然有学生素质差、思想教育无力等方面的因素,但目前多从社会生活中找找原因还是必要的。现在社会上有一股作假风,什么假药、假酒、假文凭、假证件,都离不开一个'假'字。有些干部也作假,谎报军情,欺上瞒下。一些政协代表严厉批评的经济建设中的'钓鱼工程',就是典型的造假。"

他还分析了学生作弊情况的社会背景:"学生不是生活在真空中,社会上的作假风自然会影响到他们稚嫩的心灵,考试作弊就是社会上说假话、做假事在学生生活中的具体表现。""问题的严重性在于,党中央一直提倡

实事求是,三令五申严刹作假风,就是刹不住,而且某些人作假得逞,非但未受任何谴责,反而从中得利,受到提拔。这就使作假风更加盛行。""有的好学生考试也作弊,为什么?他们明知作弊可耻,但还是干了,为的是要高分数。这就引出一个学习目的性问题。教育界通常说'教学相长',在我看来,学比教更重要。教是外在的,学是内在的,外在的只有通过内在的学习才能起作用。如果学生缺乏学习积极性,就谈不上教学。"

钱伟长历来主张对考试作弊要从严处理,不仅是给予校纪处分,还要进行严肃认真的思想教育。他认为,杜绝作弊现象必须狠刹社会上盛行的作假风,实行法治,树正气,刹歪风,改造社会生活大环境。还要端正教育思想:"教育的主要目的不单是为了培养人才,更重要的是为了提高全民族的文化素质。"只有这样,我们的民族才能办出兴国的教育。

钱伟长还分析了由于教育指导思想不端正,有的学校仅仅围绕培养拔尖人才办教育,一会儿搞"重点",一会儿又刮"神童风",争着挖天才。盲目追求升学率,搞题海战术,搞考海战术,功课太重,使学生和家长不堪负担。要根治考试作弊,应当切实端正教育思想,还要进行教育改革。教育改革是一项较为复杂的系统工程,不仅要建立正确的教学思想、合理的教学计划、严格的教学制度,还需要一支善为人师的教师队伍。

他还说,"思想教育要进行,但首要的是身教,'正人先正己'。要在社会上狠刹作假风,使人人都认识到说假话、办假事可耻,一害自己,二害别人,三害国家,倡导说真话、办实事的良好党风和民风。这样,我们的青年学生就能在一种良好的环境中接受熏陶,培养出高尚的道德标准。"他也坚信,随着教育改革的深入,进一步端正教学思想,学生存在的考试作弊现象就可望逐渐杜绝。

30多年前,钱伟长就以求真务实的态度分析了学生作弊现象的外因和内因,也在上海工业大学、上海大学的具体教学实践中强调学生必须以诚信以学,务必要"求实"。笔者从在上海大学求学到工作的20多年间,学校从未放松过对考试违纪作弊的处理。作弊一直是学生诚信的"高压线"。学校制定了详尽的《上海大学学生考试违纪、作弊行为界定及处分规定》并编入每一年的《学生手册》中,规定"对考试作弊者,应立即终止其该课程的考试,考试成绩作零分处理。视情节轻重,给予留校察看直至开除学籍处分。如对上述处分决定有异议者,可依程序向上海大学学生申诉处理委员会提出申诉。"

从对待学生作弊现象中,可以看出钱伟长求学治学的基本态度:要有求真务实的科学精神,来不得半点虚假。

二、反对在科研工作中弄虚作假

发表论文是科技工作者的一种美德,这种美德就是不自私、不保守,将自己所知的东西公开,因此全世界的科技工作者就是一个集体,一个向大自然、向落后生产方式作斗争的集体,每一个人将自己的科研成果忠诚地发表出来,那就是使自己成为这个无形的、没有组织关系的集体中的一员,当然大前提就是所发表的成果不能是造假,必须是实事求是的。

科学的目的是追求真理,也就是通常所说的"求真""求是"。科学精神就是为了追求真理而需要的精神。科学研究必须实事求是,不夸大,不缩小,更不弄虚作假。

钱伟长曾在很多公开场合强调"搞学问必须老老实实",对待科研工作中务必要杜绝弄虚作假的丑恶现象。他认为,论文是科技工作者进行传播和交流的研究成果,而不是成名成家的工具。他还说过:"我们科研工作者是为人类向自然界进攻的一支大队伍,这支队伍通过论文组织起来,所以你有什么研究成果和思想,一般的不应该保密,应发表出来,希望人家站在你的肩膀上上去,为人类作贡献。"[①]

牛顿曾说:"笛卡尔所做的是搭了一架好梯子,你在很多方面都把梯

---

① 钱伟长:《怎样当一名研究生》,载《钱伟长文集(下卷)》,上海大学出版社2013年版,第1013页。

子升高了许多,特别是把薄膜的颜色引入了哲学思考。如果我看得更远些,那是因为我站在巨人的肩膀上。"暂且不论牛顿当时说出这番话的真正意图,但我们可以看到前人的工作可成为帮助后人的"梯子"或"肩膀",而每个人发表的论文都可能成为别人借助的"肩膀",科技也就是这样发展的。但一旦发表假的东西,迟早是会被揭穿的,最终会遭到大家的唾弃。因此在科研工作中求真务实是对自己负责,也是对大家负责。

钱伟长就以这样的原则要求自己,因此他的很多开创性的工作真正成为大家的"肩膀",引发了很多人的进一步工作,如关于薄板薄壳的统一内禀理论的工作就曾引起60年代有关三维理论的边界效应的研究,其中有名的有格林(A. E. Green)、赖斯纳(E. Reissner)、赖斯(E. L. Reiss)、齐卡拉(P. Cicala)等人的工作。又如他提出的"钱伟长法"对研究板壳大挠度问题起了有力的推动作用,自钱伟长提出该方法后,我国的板壳大挠度问题的研究工作沿着两个途径发展:一个途径是用钱伟长提出的方法解决了实际应用问题,得出了某些问题的可供工程直接应用的设计公式、设计图表;第二个途径,由于摄动法的摄动次数不能过高,精确度达不到要求,对于某些问题,例如与多参数展开的繁复,以致得不出结果,因此必须在摄动法的基础上,提出各种新的方法,使计算程序简单并能得到较高的精确度。1965年,叶开沅和刘人怀提出了修正迭代法,这个解法虽然只是改动了摄动法的计算程序,但其程序明晰简单,得到的结果与摄动法是相同的;1980年,叶开沅和顾淑贤提出的解析电算法,解决了摄动法和修正迭代法的摄动或迭代不能太高的问题;1980年,李国琛提出了逐级摄动解法等。

钱伟长的求真务实还表现在对待科学中弄虚作假现象的深恶痛绝上。在他所领导的上海市应用数学和力学研究所里,有一次发现一名博士生的学位论文里所提供的计算程序没有可重复性,有"假算"的嫌疑。此后,他在各种场合经常举这个例子,要求坚决杜绝此类现象,并要求研究所建立研究生答辩前的程序考核制度。他还特别指出要培养"合格的人",其定义是"不说假话,严以律己,宽以待人"。针对目前学术造假现象日趋增多的状况,坚持钱伟长提倡的求真务实精神是非常必要的。

三、科学不能无中生有,要亲身实践,贵在务实

"'实践是检验真理的唯一标准',这是马克思主义的一个科学原则。发展科学要实践,光靠幻想不行,直观的认定也不行,要实践来检验。我们既然承认检验真理的唯一标准是实践,就应该把这个原则真正用到科学上面去。"[1]

（一）驳斥"伪科学",指出科学是需要实践的

20世纪80年代,记者请钱伟长谈一谈怎样识别当时打着科学旗号的伪科学。钱伟长指出:"近年来许多伪科学打着科学的旗号,到处招摇过市。'水变油'之类的事,我就不相信,科学是不能无中生有的。科学要尊重实践,科学是能够实践的,自然科学是这样,社会科学也是这样,只有通过实践,才能检验它是不是真理。自然科学的实践,就是科学实验,而且这个实验是普适的,谁都可以做,不是一些人能做,另外一些人不能做,更不是信的人能做出来,不信的人就做不出来,那不是科学。科学欢迎质疑、批判,更欢迎探索。"[2]

他还进一步指出:"社会科学也要接受科学检验。马列主义也要实践,也要接受科学的检验,只要是科学,它就得接受检验,接受实践,而且要接受任何时间的检验。马列主义它随着环境的改变,时间的改变,它也要变,也要发展。马列主义是西方的东西,但在苏联能成功,就是列宁把马克思主义在苏联实践了。中国革命成功了,也是毛主席把马克思、列宁的理论在中国实践了。但这些实践都要和自己国家的情况结合起来。苏联走的是城市暴动的道路,中国走的就是农村包围城市的道路。邓小平也是靠实

---

[1] 钱伟长:《学科的融合将形成完整的科学体系》,载《钱伟长文集(下卷)》,上海大学出版社2013年版,第1224页。
[2] 辛芃:《科学不能无中生有——访中科院院士钱伟长教授》,载《科学与无神论》2002年第1期。

践,走的是要人们富裕起来的道路,江泽民同志继承邓小平的理论,让国家强盛,人民富裕,都要靠实践,这个实践,就是不同条件,采用不同办法。所以马克思主义的理论,要实践、要发展,它不是单纯的口号,更不能光喊口号。科学不仅尊重实践,而且要经历实践,接受实践检验,实践检验是鉴别真理的标准。"[1]钱伟长强调,要想知道国家、人民忧在何处,就要亲身实践,深入调查研究。他提倡青年学生不要把自己局限在教室内和书本上,应该多深入基层,多掌握第一手资料,把国家、人民的需要作为自己奋斗的目标,这样才能发挥自己最大的潜能,才能更好地实现自己的价值。

(二)为普及义务教育而建议深入调查

1993年2月,在中共中央、国务院颁发《中国教育改革和发展纲要》后不久,时任全国政协副主席的钱伟长就和部分委员一致倡议,组织"扶持贫困地区普及义务教育调查组",由第八届全国政协教育文化委员会具体负责,开始对我国西部贫困地区义务教育状况进行专题调查。

后来出版的《中国西部贫困地区义务教育调查》集中了十余年间参与各次调查的全国政协委员们深入西部贫困地区考察当地义务教育发展状况后撰写的调查报告、调查计划、政策建议,以及政协委员们牵线搭桥为贫困地区捐资建校、慰问师生的活动记录。这部书既反映出我国贫困地区普及义务教育的艰辛历程,也见证了政协委员们对教育事业的一片赤忱、一往情深,成为我国义务教育发展史上一部不可多得的真实记录。

(三)受命出国调研,建言环境保护

为了学习和借鉴外国关于环保工作的经验,1972年10月,科学家钱伟长接受周恩来总理的指令随我国科学代表团访问英国、瑞典、加拿大和美国,考察这些国家的环保工作。周恩来总理认为,一直坚持"求真务实"开展科学研究的钱伟长是最合适的人选。

---

[1] 辛苋:《科学不能无中生有——访中科院院士钱伟长教授》,载《科学与无神论》2002年第1期。

钱伟长根据以往的科研经验以及在国外的亲身经历和实地调研,在访问回国后向周恩来总理交出了一份有关这四国对于环保工作的5万字的报告,并提出了有关我国在环保管理和政策上的建议。现在回顾从1970年到1974这五年间周总理对环保工作所作的历次讲话中提出的许多关于环保的重要思想和方针原则,仍然是我国制定环境保护方针政策的重要依据。

科学活动是人类心灵的壮丽探险,是探索未知、追求真理的艰难历程。在这一历程中,求真务实的科学精神是不可或缺的。在科学研究的道路上,钱伟长以矢志不渝的坚定信念实践自己科学救国、科技强国、科教兴国的理想,这种超脱于功利之外坚定不移地追求真理的科学精神,是科学本身存在和发展乃至整个人类存在和发展的支柱和灵魂。

第三节　不迷信权威，坚持科学发展

一、敢于追求科学的真理

科学研究面对的是客观事实，从实际出发，敢于冲破传统观念的束缚，敢于追求真理，不唯书，不唯上，不弄虚作假，才是需要坚持的信念。

郭永怀和钱伟长是留学时的同窗挚友，他们尊重科学，不迷信权威，都勇于讲真话。1958年1月，郭永怀出任《力学学报》主编。1957年，钱伟长被打成"右派"。作为一同留学并同事过的郭永怀深知钱伟长的学术水平和能力，依然请他担任学报的编委。在一次审稿中，钱伟长发现某篇论文中竟有51个基本错误，而且作者是一位知名教授，对待学术要求一向以严谨著称的钱伟长没有丝毫迟疑，当即提出此论文不宜发表，建议退回。不料，那位所谓的知名教授向编委会提出"抗议"——"左派教授的文章不许右派教授审查！"对此意见，郭永怀不屑一顾，他说："我们相信钱伟长的意见是正确的，这和'左''右'无关。"发现真理需要科学精神，坚持真理也需要科学精神，但坚持真理并不是一帆风顺的。在困难的时刻，实事求是地坚持科学的真理是很不容易的，这需要极大的勇气。钱伟长后来在《怀念同窗益友郭永怀教授》一文中专门提到了这件事。钱伟长和郭永怀敢于坚持真理的科学精神正是一代科学大家的光辉写照。

1959年,赵兴华①曾在清华大学力学师资培训班学习,钱伟长给他们教授"应用数学和力学"。当时的钱伟长处境非常悲惨,不仅要挨批斗,而且撰写的论文也不能发表。但那时的钱伟长认真地为学生教书、答疑,虽然自己非常辛苦,但对待学生们总是关心爱护,给予设身处地的支持和帮助,这给他们留下了一辈子难以忘怀的印象。赵兴华回忆说,那时候钱先生已经被打成"右派",没有助教,没有讲义,条件很艰苦,但是先生毫不在意,自己刻蜡版,自己油印讲义。他上课思想很开阔,总能介绍最新的东西,在黑板上推演公式总是一推到底。

赵兴华说,钱伟长留给他最宝贵的遗产,就是不要迷信书本和权威。在写大学毕业设计的论文时,他发现自己的结论跟外文原版书上的公式对不上,总以为是自己错了。钱先生看了以后告诉他,是书上错了,告诉他不要迷信权威。"我从小学到大学都认为书上的东西是对的,要错也是我错。"赵兴华说,"钱先生的一番话,让我的思想一下子解放了!"

钱伟长总是告诉学生们,在科学上对待过去的权威需要尊重,但绝不能迷信,科学就是要敢于追求真理、探寻科学的真相。正如德国教育家第斯多惠所说:"一个坏老师奉送真理,一个好老师教人发现真理。"②任何知识的效力都是有限的,只有科学精神的效力是无限的。培养他人的科学精神,不仅可以使已有的科学知识发挥更大的效力,而且可以使人们采取正确的态度和方法寻求科学的真理。

2004年,年逾九旬的钱伟长在为上海大学研究生的首日教育的讲话中,还是强调求真务实的科学精神:"在追求创新的过程中,一定要诚实,要真正致力于追求科学的真理,要辨别真伪。我们不是单纯学知识,不是想做官,我们应该忠诚于我们的国家和前途。"

---

① 赵兴华,曾任上海市应用数学和力学研究所副所长,教授。
② 第斯多惠:《西方资产阶级教育论著选》,人民教育出版社1979年版,第367页。

二、坚持"百家争鸣"的科学发展

现代科学技术是人类认识客观世界、改造客观世界的知识体系和威力无比的工具。钱伟长关于科学技术的观点,是他致力科学发展的理性精神的重要内容。作为一位具有卓越战略视野的科学家,钱伟长在科学技术观方面丰富而深刻的见解,为当时的社会主义建设事业和处在蓬勃发展中的四个现代化建设指明了方向,对于当代中国的科学发展和创新型国家建设仍具有一定的理论价值和实践意义。

我国社会主义制度确立后,探索社会主义建设道路的问题开始提上议程。探索建设道路,有一个遵循什么样的思路和原则来发展的问题。

20世纪50年代初期,我国社会主义建设在经济、政治和科学教育文化领域全面展开,这是对党和毛泽东科学发展思想的具体实践。在科学文化建设上,高度重视发展科学技术事业,于1956年制定了十二年科学技术发展远景规划纲要。确定为社会主义服务的教育方针和办学道路,要求受教育者在德、智、体三方面都得到发展,强调教育要同社会实践相结合,实行"百花齐放,百家争鸣"的方针,充分发挥知识分子的作用等。这其实也是新中国成立初期党在科学发展问题上艰辛而曲折的探索。

钱伟长指出,"百家争鸣"是科学发展的历史道路,是同科学发展的客观规律相符合的,所以鼓励"百家争鸣"就能够推动科学发展。他当时的见解代表了广大自然科学工作者,1956年钱伟长曾撰文对此进行了专题的阐述:"自然科学几百年以来长期发展的历史,都说明了科学是在不断的争论中成长起来的。哥白尼建立地动说,牛顿建立古典力学的体系,爱因斯坦提出相对论学说,又如光的波动论、微粒论的统一以及量子力学的建立,等等,都经过了长期的争论……科学就是这样在不断地修正陈旧的看法,不断地肯定合理的、否定不合理的道路上前进着,没有不同意见的争论,科学就得不到发展。'百家争鸣'是科学发展的正常情况。百家不争正是表明科学发展暂时趋于停顿的情况。科学争论也会根据参加争论的科学家的态度,得到不同的结果。科学家如果认识到每个人的认识包括自己的认识在内,都有它的片面性和局限性,同时也都有它的部分真实性,则不同意见的争论,一定会引导我们在新的不同的角度去进行科学工作,达到较全面的结论。"①

他还指出,在高等学校的自然科学的教学工作中,同样应该贯彻"百家争鸣"的方针,只要这些争论是有实验的根据并合乎逻辑的推论的。"百家争鸣"一定会给我国科学带来飞速发展的前景,因为它是符合科学发展的客观规律的。

钱伟长坚持"百家争鸣"的科学发展观,体现了他在积极探索我国社会主义建设科学发展道路过程中一贯的求真和务实。

---

① 钱伟长:《"百家争鸣"是科学发展的历史道路》,载《人民日报》1956年7月7日。

第四节　谈如何提高科学技术水平

20世纪50年代初期,党中央和人民政府号召全国科学技术工作者,要努力在短期内把我国科学技术的几个主要方面赶上世界的先进水平。钱伟长倡议全国科学工作者一道努力来完成这个任务,并实事求是地分析当时科学技术所处的发展阶段和水平,描绘了我国科学技术发展的必经之路。

"要把我国的科学技术赶上世界的先进水平,应该如何努力呢?首先要弄清楚什么叫作世界科学的先进水平?有人认为:假如说我国有像爱因斯坦那样的科学家,创造出相对论那样的或更完备更充分的科学理论,那么我们就在这方面赶上了世界先进水平。"[①]那么,究竟什么是世界先进水平呢?

钱伟长认为:"在科学的各个领域上,有足够数量和足够水平的科学工作人员来研究解决我们国家生产建设上和文化建设上存在的科学方面的问题;也就是说,我们国家建设中的科学上的问题,我们自己能够解决,而不仰仗人家来帮我们解决,这就是赶上了世界的先进水平。换句话说,

---

① 钱伟长:《我国的科学任务》,载《钱伟长文集(上卷)》,上海大学出版社2013年版,第170页。

第五章　钱伟长探索真理的求实精神

解决我们国家建设中的科学上的问题,是我们自己的任务,要我们自己来完成,而完成这个任务的目的,也是为了使我们国家在物质生活上和文化生活上有更大的提高。"①

钱伟长明确指出,在我们国家的建设事业中,"人力资源"和"物力资源"是建设的必要元素。如何建设这两个必要元素,决定了我国科学技术发展的快慢和水平。

一、要合理开发利用具有我国特点的物质资源

"关于物质资源,有许多特有的问题要解决。"他建议测量绘制一张精确的可供科学需要的地图,用来规划基本建设、勘察地下资源等。而"一张科学地图所牵涉的科学方面是很广的",包括"地理科学""气象理论知识""水力资源"等。他认为,要合理利用和开发我国建设所需要的资源,要兼顾自己国家的特点,还要因地制宜。比如,"说到矿物资源,我们的特点是很多的,很多特殊的问题不是别人能够帮我们解决的,要靠我们自己来解决。比如,有很多金属,在别的国家是稀有金属,而在我国却是富有金属;反过来,也有许多我国的稀有金属,在别的国家是富有金属。因此从思想上和技术上就产生了许多我们特有的问题。"②他指出要做些研究,合理地开采利用"贫矿"和"富矿"——这是必须要正视和解决的问题,而且是工业建设中的一个关键问题。要研究利用我们自己的矿产,还要推进矿产勘查的工作。

针对如何开发利用祖国蕴藏的丰富资源,他认为除了借鉴别的国家研究太阳能利用的成果,其他如煤炭、原子能、水利、风力等资源的利用是要靠我们自己来研究的,因为都有我们自己的特点。因为开发资源的问

---

① 钱伟长:《我国的科学任务》,载《钱伟长文集(上卷)》,上海大学出版社2013年版,第170页。
② 钱伟长:《我国的科学任务》,载《钱伟长文集(上卷)》,上海大学出版社2013年版,第172页。

题很复杂,很多问题必须由我们自己来解决。"我们的水利资源也与别的国家不一样,有我们自己的特点。第一个特点是水力资源集中","第二个特点是高坝,水位落差很大","总之,在水力资源开发上就会给我们提出很多不简单的问题,是我国所特有的,而且是高度科学技术性的问题"①。

二、要大力培养能够独立领导科学研究的人才

因为"我国今天真正能够独立领导科学研究工作的,全国不过两千人,能够进行科学研究工作的,全国不过一万人,这样少的人是不能担负起这大的任务的,而这些人还要进行教学工作、生产工作,这是非常困难的。……今天我们要向科学进军,最关键的问题不在于创造出比相对论更好的学问,而在于培养较多更好的徒弟,这也是一个最光荣的任务。"②

对此,钱伟长一针见血地指出,解决我国科学技术发展最困难的问题是关于国家建设中需要的"人"——能够领导和带领科学研究的人才,最关键的问题是如何赶快把科学工作的人才培养起来。他还指出科学技术的发展,"人力资源"和"物力资源"只是必要条件,充分条件还得靠有效的组织和管理。

关于制定各地的发展规划,钱伟长感到任务很紧迫,认为这也需要更多懂得科学的领导人才:"我国幅员辽阔,大片的干燥地区,如沙漠、高原、冻土、森林情况都不清楚,要规划,先规划哪里呢?""我们必须要有全面的规划,时间不容许再拖拉了。需要的人力是巨大的,不仅地质学家,要有各种各样的人材。不管问题怎样复杂,不可能等别的国家来帮我们解决。"③

---

① 钱伟长:《我国的科学任务》,载《钱伟长文集(上卷)》,上海大学出版社2013年版,第174页。
② 钱伟长:《我国的科学任务》,载《钱伟长文集(上卷)》,上海大学出版社2013年版,第160页。
③ 钱伟长:《我国的科学任务》,载《钱伟长文集(上卷)》,上海大学出版社2013年版,第174页。

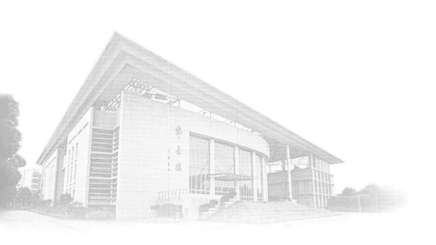

第六章　钱伟长科学精神的溯源及影响

第一节　钱伟长科学精神的渊源

钱伟长的学术思想和科学精神的形成有其历史根源。他生活在一个动荡的年代，国家和民族命运经历了很多次重大转折。在他的科学实践中，一直有中西文化结合的痕迹，一方面是深厚的中国传统文化的影响，一方面是在国外求学和工作期间受到的西式教育和文化的熏陶，这使他的科学精神既有中国传统文化的印记，又有鲜明的时代特色，而且他的科学精神始终是服务于富国强民和科教兴国事业的。

钱伟长科学精神的渊源在于：努力吸收古今中外先贤先哲的治学理念，继承发扬哥廷根学派的优良传统，用辩证唯物主义理论武装自己，将理论与实际、科学与技术、数学科学与应用科学密切地结合起来，做到博古通今、学贯中西、文理交融。同时秉持既实事求是、严谨缜密又勇于批判和创造的精神，科学地调动一切积极性，为祖国建设、社会发展和人类福祉而贡献自己的全部力量。

以下笔者尝试对钱伟长科学精神作一番溯本探源，侧重探索先哲名师对他的影响以及哥廷根学派对他的科学精神形成的潜移默化的作用。

一、博古通今，学贯中西，文理交融

1951年3月27日，钱伟长在《中国青年》上发表《中国古代的三大发明》一文，文中说："我国人民并没有把这些光辉的发明和创造占为一己所有，秘不示人，或作为向外族侵略的资本。相反，我们的祖先毫不吝啬地把这些伟大的发明贡献给全人类，为今日全人类的文明奠定了一部分必要的基础。""我们的祖先在1 800年以前，就已经创造了齿轮，并且创造了差动齿轮机。在这样早的年代，就有了这些光辉的科学创造，给我们后代子孙以无上的骄傲和无穷的鼓励。"

少时以文史见长的钱伟长，因家学渊源及受四叔钱穆等影响，自幼熟读二十四史等文史典籍，对社会历史规律及意识形态有较深入的理解。在苏州中学时跟随吕叔湘（中国史教师）、杨人楩（西洋史教师）等卓有成就的名家学习，表现出积极探索文化宝库的能力和涉猎科学知识的强烈兴趣，他在1930年第一次撰写的论文《春秋十七日蚀考》就获江苏省颁发的高中奖。

对于这段求学经历，钱伟长曾说："这些老师对我的影响极深，虽然他们大多是教文科的，但我认为文科也好，理科也好，从启蒙的角度看，意义是一样的。是他们使我懂得了学无止境，启发我去探索知识，追求真理，为我后来的科研、教学工作奠定了比较扎实的基础。"[①]

钱伟长在考入清华大学时就显露出极佳的史学天赋，虽后因科学救国毅然弃文从理，但却一直没有削减、也从未放弃史学研究，他一直坚信"读史使人明智"，用史学知识与科学方法指导自己的科研、学习和工作，也使他养成了科学研究思考缜密、处理问题条分缕析的习惯。

深远的家学渊源和先哲名师也正是钱伟长学术思想和科学精神的源头。自小浸染中国文化，虽说他是从接受"新学"教育开始，在盛行科

---

① 钱伟长：《笃学重教自良师》，载《光明日报》1994年9月8日。

学教育的时代长大成人,尤其是进入大学以后,国难当头,他成为"科学救国"的信奉者并将其作为一生的追求,然而,这都不影响他对于国文、历史、地理、艺术等一直保持的浓厚兴趣,不仅能够博古通今,更能文理交融,打通不同学科和知识间的阻隔,将社会科学知识和自然科学知识融会贯通解决所遇到的各类问题。

(一)以深厚的史学功底和科学方法来指导实践

1950年12月,钱伟长在参加中国人民抗美援朝慰问团赴东北慰问志愿军伤病员的途中,在火车上写出了一篇5 000字的读史笔记《中国古代的科学创造》,1951年1月27日发表于当时颇有影响力的青年杂志《中国青年》上。写作的动机是为了驳斥当时国内普遍存在的崇洋媚外的倾向。该文一气呵成,用有关中国古代的科技简史阐述了我们的祖先在农业技术、天文历法、数学力学、水利工程、纺织机械等方面的贡献,后来又经充实,以科学史专著《中国历史上的科学发明》由中国青年出版社正式出版,获得了读者的广泛欢迎。这也可以充分说明钱伟长深厚的史学功底以及对科学史和方法论的重视。

在科学研究和具体实践中,钱伟长总是"博古通今、以史为鉴",用史学的知识和方法来指导和解决现实中的问题。

如在展望我国的科学技术发展时,钱伟长就以南宋、元朝到明初时期的科学技术水平——远超欧洲的造纸业、印刷术、采煤、印染等说明当时的中国科学技术和文化等远比西方先进[①],希望大家不要气馁,更不要崇洋媚外。他还以英国、美国等在近代的科技快速发展的历程和案例,告诉大家:"不要光看到自己的落后、自己的贫乏⋯⋯我们蕴藏着无穷的力量,怎么来发挥这个力量,我们要用正确的政策,来把它调动起来,我们的发展会是很快的。因此我的结论是不怕穷不怕落后,不要

---

① 钱伟长:《我国历史上的科学发明》,载《钱伟长文集(上卷)》,上海大学出版社2013年版,第68页。

自高自大,也不要自卑。……要立足于自己,要分析人家的优点,把人家的原则性的东西拿来,把人家的技术拿来,你就有希望,就可以很快地上去。""这些东西,只是要告诉大家,建设一个新的、一个现代化的社会,要把科学搞上去,并不是很难的。只要有共同的认识,有决心,就能搞上去。"①

在展望力学发展、讨论现代力学如何服务于四个现代化时,钱伟长以科学发展史和力学史上各种具体案例来分析我国力学研究落后的原因,说明"国际上发达国家传统上极端重视力学研究工作,这在很大程度上促进了它们的科学技术迅猛发展"②,指出推进现代学的发展要坚持同工程技术及生产实际的精密结合,要运用现代时间手段和计算手段,发现新现象、新问题,建立新模型、发现基本规律。总之,作为力学工作者,要担负起"四化"建设的任务。

(二)束水攻沙,巧救淤港

1983年,钱伟长赴福建讲学,其间应省政协邀请于9月23日参观福州马尾港的工程设施。马尾是福州市东南约20公里的一个小市镇,位于闽江口北岸。相传当地有块石头,形如马,头向罗星塔,尾向市镇,小镇故而得名。马尾作为我国近代工业的摇篮和海军发源地,曾名噪一时。马尾造船厂是福建省最大的造船基地。当时,马尾港因连年泥沙淤积,每次要花800万元请上海的挖泥船来清理航道,但时过不久又会重新淤积泥沙,严重影响航运及码头的使用。这个1975年耗资6亿元修建的军港,因港址选择不当(未考虑地球自转的科氏力效应),已经严重淤塞,弃用已达七年之久。

钱伟长到现场观察后指出,闽江南港、乌龙江流经马尾港一侧的水

---

① 钱伟长:《我国科学技术发展的展望》,载《钱伟长文集(上卷)》,上海大学出版社2013年版,第450—451页。
② 钱伟长:《现代力学和四个现代化》,载《钱伟长文集(上卷)》,上海大学出版社2013年版,第351页。

流湍急,而闽江北港流经马尾港一侧的水流缓慢,这是泥沙淤积马尾码头一边的症结所在。他就地画出水流示意图,提出用"束水攻沙"法治理泥沙淤积,即在江心抛石筑坝,把河床束窄,将南港的急流引向码头这边,以冲走积沙。这个意见与马尾建港办的设想不谋而合,立即引起了领导的重视。当年的10月18日,《福建日报》刊出通告,马尾港区治理工程抛石筑坝即日施工。历时一个月,耗资90万元,大功告成:将报废的港口复活了,且迄今未发生淤积问题。于是一时传为美谈,报刊上以《专家一席话,救活一军港》为题发表了专题报道。

当时,钱伟长想起读过的古书中提到的"束水攻沙"之策,提议用乱石从闽江对岸向江中抛投造乱石堤,堤长约400米,用急流冲去泊位区的淤沙,不必营造钢筋混凝土大坝,用土法即可收"束水攻沙"之效。1999年版的《辞海》中对"束水攻沙"的解释是:"中国自西汉以来治河的一种主张。其方法是在宽浅河段筑堤束狭河槽,增加流速,利用水流本身力量以冲刷泥沙,防止淤积。"

钱伟长自己评述说,"汉书上有,叫'束水冲沙'。从力学界看,完全是常识。现在看这码头很好,是福建的主要的码头,万吨级的四个码头。这样的情况很多,当年设计上有些问题是没有考虑完全,力学工作者用力学的脑袋就可以帮助解决问题。所以现在有人说我是到处游览,其实我还是到处用我的力学的思想为国家在服务。"①

钱伟长在《中国古代的科学创造》一文中也提到了"束水攻沙"的治水方法:"黄河从上游带着大量的沙粒疾行而下,到了下游,人民都引河水灌田,使河流慢下来,以致入海的出口渐渐淤塞,于是一到水涨,就不时溢出,造成水患。这样的情形,一直到王莽时(公元9—22年),有位长安人张戎科学地提出了水流流速与沙淤的关系。这个科学的结论,为以后有

---

① 钱伟长:《数学、力学与实践的关系》,载《钱伟长文集(下卷)》,上海大学出版社2013年版,第897页。

名的水利工程师王景（汉明帝，公元69年）、贾鲁（金泰定，公元1351年）、潘季驯（明嘉靖，公元1565年）、靳辅（清康熙，公元1677年）等治河的基本原则。他们根据这个原则，创造了'筑堤束水，藉水攻沙'的治水方法。这些工程师们在坚决地执行这个原则时，克服了不少工程上的困难，发动千百万的人民群众，完成了不少伟大的修渠筑堤工程。"

后来钱伟长在访问山东省时，又发现了黄河出海口的淤塞问题，他又提出了"束水攻沙"的建议解决了黄河改道的千古难题。历史上黄河经常不规则地改道，洪水泛滥带来无穷灾害。钱伟长通过研究后发现，黄河改道是由于黄河开口有拦门沙的堵塞，是春天时冰凌破堤冲开缺口造成的，只要给河水保持舒畅的通道，黄河开口就完全稳定。钱伟长向黄河水利委员会建议：用大水船从黄河汲水冲沙，水翻起来把沙带走，黄河开口的河道就疏通了。结果10多年黄河没有发生过冰凌，黄河出口稳定，现在黄河开口处不但建了个万吨码头，以前由于黄河开口不稳定没人要的500万亩土地，也变成了棉花和粮食的生产基地。

利用专业知识解决了影响民生大计的水利工程，钱伟长被人民誉为"当代的李冰"。

（三）文理渗透，学贯中西

在科学史、物理学以及教书育人等广大领域都作出巨大贡献的叶企孙有句名言："读史徒知事实，无补也。善读史者观已往之得失，谋将来之进步。"钱伟长弃文从理转入物理系时没找到学习理科的方法，只会死记硬背，这时叶企孙与钱伟长一起探讨《史记》中的科学方法，运用贯通中外科学史的观点，使钱伟长茅塞顿开，这也成功促使钱伟长逐渐摸索出学习理工学科的方法。

对于这段经历，钱伟长曾说："读史贵在融会贯通，弄懂它，不在于死背熟读某些细节。学物理也是一样，也是重在弄懂，不要死背公式，熟记定律，懂了自然就记得，会用就肯定忘不了。所以，能学好历史，同样也能学好物理。他（指叶企孙，著名物理学家、时任清华大学理学院院长）这场谈话,使我学物理的信心倍增,而且也是从此以后,成为学习各种科学的指导方针。"①

文理渗透、学贯中西的科学方法也成为钱伟长别具一格的学术风格。

早在1951年8月,钱伟长在《人民清华》上发表的《物理教学与爱国主义教育的结合》一文中,就以历史上物理学的发明创造作为教学的案例和支撑材料,提倡积极挖掘古代物理学史的发明和发现,以史为鉴教育学生。提出教师不仅要"言传",更要利用"身教"来影响学生,教师要以自己高尚的行为影响学生,培养学生正确的世界观、人生观和良好的道德品质及探索真理的科学态度和科学精神。

从下面的节选中,可以充分了解钱伟长一直提倡的科学方法和教育理念②:

> 我们从事物理学的教学工作者,应该不断地发掘中国古代物理学的发明和发现,把这些事实正确地编入教材。我们祖先虽然长期处在封建制度压迫之下,但在物理学上还是有不少的创造。这些创造由于社会制度的限制,多半是表现在物理现象的观察描写和应用方面。例如,在力学方面,《墨子》经说篇里关于权衡的学说,便是杠杆原理的原则说明。我国对于杠杆原理的应用,表现在桔槔上(公元前1700年左右,约比埃及早200年)和表现在秤上。究竟秤是什么时候发明的,尚待我们的发掘查考。又如远古时代便已利用了的应斗,无疑地是分力合力原则的最古老最简单的例子。从汉代起我们祖先便已知道利用反作用力作滑翔飞行的试验,到北宋初年更作了喷射推进的设计,《武经总要》记载着宋太祖开宝二年(公元969年)冯义

---

① 钱伟长:《怀念我的老师叶企孙教授》,载《钱伟长文集(下卷)》,上海大学出版社2013年版,第1100页。
② 钱伟长:《物理教学与爱国主义教育的结合》,载《钱伟长文集(上卷)》,上海大学出版社2013年版,第45—46页。

异、岳义方作的火箭法。在水力学方面，张戎发现了水流流速和沙淤的关系。到汉明帝（公元69年）时，王景更说明了"筑堤束水，藉水攻沙"的办法。这就是说河床缩小，水流加速，压力减低，沙自然因发生湍流的关系而容易升起，便被冲走了。这是很符合我们现在所讲的伯努利原理和湍流理论的。我们当然不能说当年张戎和王景就已了解到这个原理，但是这个发现，两千年来却一直作为治河的理论。在度量衡方面，《汉书·礼乐志》上说1升水等于13两重，这已明确了容量和重量结合起来的先进度量衡制度。在声学方面，古代乐书上有五律、七律、十二律的音阶和古乐器的尺寸，对于乐器长短和音程的关系，已有了很肯定的认识。这些都是公元前1500年以前的事情，到明朱载堉（公元1596年）《律吕精义》里，又有十二平均密律的确定，这个密律在西洋到1636年才被推算出来。《汉书·律历志》里详细描述着我们祖先如何由一种基本律叫黄钟的律管，定出标准度量衡的办法。那时用黍子90粒排置的长叫9寸，定为黄钟律管的长，便有了标准尺。后来以装1 200粒黍子于律管叫一仑，又有了标准量。又将1 200粒黍权为重量12铢，成功地确定了标准衡。这样以标准音和标准度量衡统一起来的办法是非常先进的。我们祖先至迟在唐朝时，也了解到共鸣的现象。在唐刘宾客《嘉话》上记载着一个有趣的故事，说有某寺方丈的禅堂里挂着一个磬，每当斋戒敲钟时，磬也响。远近认为有神，老百姓都来朝拜，终日不绝，使方丈、和尚不胜厌烦。有一位宾客自认为有办法，便将钟上多出的一角锉掉了些，敲钟时，磬再也不响了，可见这位宾客一定是明白共鸣的道理的。在电磁学方面，王充《论衡》里便力辩雷击电光不是有什么神的事情，而是阴阳交错的结果。又大概在公元前300年左右（战国时期），我们的祖先便已发现磁石和它的吸铁性。大约也在同时，或者是到公元50年左右，我们祖先确定地发现了磁石的指极性，用勺形的磁石叫作司南的放在地上指出南方，然后再依靠日晷来确定早晚时刻。至于造成近代的指南针,大约在南北朝唐宋之间。由于那时我们祖先在南洋海上航运,为了和平贸易,要克服海上风暴,指南针逐步改进,才取得了近代罗盘针的形式,这在南宋沈括的《梦溪笔谈》中有详尽的记载。沈括并且科学地指出,磁针是略微偏东而不是绝对指南。这和近代科学的地磁偏差观察完全相合。在光学方面,《墨子》上已经谈到光源和影的关系和一些简单的几何光学。《梦溪笔谈》上更讲到针孔倒像的问题,那时叫做"格术"。他说由窗隙观象,在一定的距离之外,就是倒影。沈括对日月运行的规律和月球反射日光的道理,都有明确的见解。沈括是封建社会里的一个士大夫,他能够重视劳动人民的成果,重视科学的现象和问题,对客观现象能精密认真地观察和记载,是值得我们崇敬和介绍的。所以我们要让青年们认识到我们优秀的祖先们是怎样地观察自然、了解自然,而且把观察中得到的理论结合到实际生活应用中去。这些是值得我们骄傲的,但是决不要自满,因为我们还必须认识到,过去由于封建社会制度的关系,在反动统治下,使祖先们对于自然现象的认识仅止于现象的观测,而不可能发展成为系统的科学。

二、继承和发扬哥廷根应用力学学派风格

作为我国近代力学学科的奠基人,钱伟长一生的求学、治学横跨多个领域却始终游刃有余、建树颇丰,这与他继承和发扬哥廷根应用力学学派的理论与实际、科学与技术、数学科学与应用科学的密切结合的学术风格是分不开的。

我国另一位力学大师钱学森也非常重视传承哥廷根学派的学术传统。谈庆明教授写道:"我们应当学习和发扬他(指钱学森院士)所继承和发扬的力学大师普朗特-冯·卡门的应用力学的优良传统。概括地说,应用力学家必须着眼于工程技术中带有普遍性的理论研究对象,通过艰苦细致的研究工作,提出新的科学创见,从而改进工程技术,形成新技术,产

生新产业。"[1]

再看郑哲敏院士、李家春院士对郭永怀的评介,在介绍了哥廷根学派的风格和特点后,他们说:"在美国加利福尼亚理工学院冯·卡门领导的研究集体使这种风格得到了充分的发展。由于郭永怀的良好的数学物理基础和渊博的工程技术知识,他使这种结合达到了十分完美的程度,并带到了中国,影响了我国力学学科和'两弹一星'事业的发展。"[2]

钱伟长的研究成果有的以学术论文的形式发表,有的则发表在专著中。纵观他的科学研究贡献,不难发现都有同样的指导思想——哥廷根应用力学学派的"三结合"的思想,源于实践又指导实践。

钱伟长身体力行,他在具体的科研和科研教学领导工作中,充分实现了这种结合。通读他所发表的全部学术论文,都有明显而重要的实际应用背景,大多是为了解决当时实践需要的重大问题。他为他的博士研究生所作的一些选题:板壳大变形、波纹管计算、穿甲力学计算、河口冲淤、河口风暴潮、冷却塔的流场计算及强度问题等等,这些都是实践中迫切需要解决的又有一定理论难度的问题。

所以说,对钱伟长的学术思想和科学精神影响最深远的还应该是哥廷根应用力学学派的学术风格,从该学派的发展和传承中,可以窥见钱伟长科学研究的理念和方法的源起。

(一)哥廷根应用力学学派的起源和发展

20世纪初的德国是世界科学技术的重镇之一。哥廷根大学无疑是当时科学技术研究的引领者之一。哥廷根大学有悠久的数学传统,由高斯(C.F. Gauss)、狄利克雷(Dirichlet)、伯恩哈德·黎曼(Bemhard Riemann)先后担任学科带头人,但直到1886年克莱因(Felix Klein,1849—1925)和1888年希尔伯特(D. Hilbert,1862—1943)的到来,才出现了辉煌的克莱

---

[1] 戴世强:《论钱伟长的治学理念和学术风格》,载《力学进展》2003年第1期。
[2] 戴世强:《论钱伟长的治学理念和学术风格》,载《力学进展》2003年第1期。

因-希尔伯特时代。

以哥廷根大学为中心,活跃着一大批卓越的数学力学家,形成了力学史上著名的哥廷根学派。理论联系实际、科学与技术、数学科学和应用科学密切结合是哥廷根应用力学学派极具代表性的学术风格和科学方法。以冯·卡门为代表的哥廷根学派的学者们主张从复杂的、扑朔迷离的问题中,找出最基本的物理过程,然后运用简化的数学方法加以分析,将理论与实际结合起来。

1967年,冯·卡门在出版的自传中写道:"只要一提起哥廷根,我至今仍然感到激动不已。英王乔治二世于1734年创办的这所古老的普鲁士大学,有时候人们管它叫乔治亚·奥古斯都大教堂。后来哥廷根大学成了欧洲大陆的哲学、语言学和法学的发源地。我进哥廷根大学时,它又是全世界的一个主要的数学中心。高斯、韦伯、黎曼、普朗克、希尔伯特以及基础科学方面的众英才都是哥廷根大学出身。在学术研究和教学方面,素有'德国大学王子'称号的哥廷根大学,以倡导自由、独创的学风闻名于世。这种治学精神终于使它成为培育20世纪科学巨匠的摇篮。正是哥廷根的一批学生,为原子弹和空间时代奠定了基础。"他还说:"克莱因(哥廷根学派创始人)认为,工科大学不仅要有坚实的理论基础,还应该真正懂得科学研究的方法。另一方面,数学家也需要具备一些工程技术基础知识。实际上,他就是推动哥廷根大学沿着这个方向前进的。克莱因的指寻思想成了我在亚琛工学院和加利福尼亚理工学院继续搞科学与技术相结合的动力源泉。……科学与技术密切结合是哥廷根大学的一大改革。此后几十年,它对全世界大学产生了极大的影响。"[①]

冯·卡门和铁木辛柯不仅是美国近代应用力学事业的奠基人,而且是哥廷根学派的学术传统在美国和其他国家的传播者。力学家善于从工程

---

① 戴世强:《哥廷根应用力学学派及其对我国近代力学发展的影响》,载《现代数学和力学(MMM-IX)》,上海大学出版社2004年版,第637—642页。

中总结、抽象出力学问题,在这方面,冯·卡门和铁木辛柯都堪称典范,将枕木上的铁轨处理成弹性地基梁便是铁木辛柯的首创,是一个"力学来源于工程又服务于工程"的典型范例。

钱伟长在上海市应用数学和力学研究所的20余年里一贯坚持举办定期seminar,就是对哥廷根学派的优良传统的继承和发扬,也反映了钱伟长对这种发扬学术民主做法的执着和彻底认同,而这种制度和所造成的学术氛围也是使该所能跻身于强者如林的力学界、成为研究力学的"洞天福地"的原因之一。

(二)钱伟长对哥廷根学派的传承和发扬

1. 理论与实际结合、科学与技术结合

19世纪末期,数学界就数学的发展走向出现了两种极其对立的学派观点,最具代表的是当时的科学大家,应用数学创始人克莱因和纯粹数学巨匠希尔伯特之间的讨论。克莱因强烈主张数学与实际工程要结合起来,并认为,所有伟大的数学家都知道应如何运用数学去解决实际问题,而这种观点又是希尔伯特和其他数学家所反对的。为了确保自己的这种想法能够实施,克莱因在德国哥廷根大学设立了应用数学和应用力学讲座职位。

哥廷根学派主张从复杂的、扑朔迷离的问题中,寻找出最基本的物理过程,然后再运用简化了的数学方法加以分析,从而把理论与实际结合起来。美国加利福尼亚理工学院的冯·卡门一向以填平理论科学和应用技术之间的鸿沟为己任,他领导的研究集体使这种风格得到了充分的发展。因为有在加利福尼亚理工学院与冯·卡门一起推进航空航天技术发展的经历,钱伟长深刻认同克莱因和冯·卡门所代表的哥廷根学派关于理论与实际相结合、科学与技术相结合的科学方法,并加以继承和发扬。

按照马克思主义的观点,实践是认识的基础,也是认识的来源和动力。钱伟长屡次强调实践对科学研究的重要性。他认为科研就是要解决实际问题。"什么是科研?科研就是解决学问发展和生产需要、社会变革

第六章　钱伟长科学精神的溯源及影响

所产生的问题。""我们是需要理论,同时更重要的是向我们国家建设工作中发生的问题进军,去解决它。"1990年,钱伟长在上海工业大学研究生奖学金授奖大会上作题为《没有一个独立富强的国家就没有个人的一切》的讲话,他向年轻人指出:"不管对口不对口,只要有志气按国家需要的工作去做,就会出成绩。现在你们学的可能以后工作中用不到,但工作方法和基础是一样的。"

对于数学、力学等基础理论学科与实践的关系,钱伟长说,应用中数学的重点是要有数学工具,假如没有这个工具,我们可以创造工具来解决实际问题,叫应用数学。"做应用数学的人重点还是希望解决实际问题。实际问题包括两个方面,一个是物理和工程理论发展所发现的问题,力学、物理甚至工程方面的问题;还有一个就是生产上发生的问题,现在已经包括社会管理上发生的问题,比如人口问题,都是这种类型的问题。"[①]

他曾说过,现代力学必须同工程技术及生产实际紧密结合,因为"从牛顿建立力学体系时,经历300多年的发展,力学成为几乎一切工程技术的理论基础,没有哪一个工程技术领域可以离开力学的理论和方法。工程技术提出的无数问题,反过来大大推动力学的基础研究大发展"[②]。

钱伟长始终坚持理论联系实际的科学方法。1998年6月16日,钱伟长在《光明日报》上发表《学科的融合将形成完整的体系》一文,文中说,"'实践是检验真理的唯一标准'是马克思主义的一个科学原则。发展科学要实践,光靠幻想不行,直观地认定也不行,要实践来检验。我们既然承认检验真理的唯一标准是实践,就应该把这个原则真正用到科学上面去。"

黄黔在《我的导师钱伟长教授》一文中,也谈了对钱伟长理论联系实

[①] 钱伟长:《数学、力学与实践的关系》,载《钱伟长文集(下卷)》,上海大学出版社2013年版,第890页。
[②] 钱伟长:《现代力学和四个现代化》,载《钱伟长文集(下卷)》,上海大学出版社2013年版,第890页。

153

际的理念和方法的体会:"跟着钱先生学习了一个时期之后,看到他在很多领域中都突破了已有的工作,提出自己的观点和方法。我逐渐体会到,学习的任务并不是全盘接受已有的知识,再舞枪弄棒地用两下,就算完事了。科学知识本身就是对立统一的事物,绝对真理存在于相对真理之中。我们学到的每一条定理,都是具体的、相对的、有条件的,有它的局限性。科学永远在发展,我们从开始学习的时候,就要在理论发展的历史过程中把握它,并根据在生产实践和科学实验中遇到的困难和取得的成果,随时准备完善它、发展它。只有在能够创造性地运用这些知识、能够做出新的理论工作之后,才能算是开始学懂了,开始有了认识。继续做下去,又会进一步发现,自己的认识竟是那样肤浅。这时,对于这些知识才有了较为深入的认识。"①

科学研究必须深深扎根于社会生产和实践的需要之中。恩格斯曾说过,社会一旦有技术上的需要,则这种需要就会比十所大学更能把科学推向前进。值得指出的是,由于这些难题的解决是机械工业相关领域的一大突破,节省了巨大的人力和财力。

钱伟长一直教育学生理论要联系实际,理论要搞,但一定要为国家服务。他把获得的关于轴对称圆环壳的理论成果直接用于波纹壳和波纹管等工程技术领域,解决了这些领域里长期未能解决或者未能很好解决的关键技术问题,成为相关技术领域的新起点。

2. 数学科学与应用科学密切结合

哥廷根学派是主张用数学来解决实际问题的,这与一般的应用数学不一样。数学家是在研究数学问题,从数学中找问题的,哥廷根学派是从物理、化学和一般技术之中找问题,而要用高明的数学办法去说明物理或技术问题。

---

① 黄黔:《我的导师钱伟长教授》,载《智慧之泉——"我的老师"征文选》,教育科学出版社1985年版,第31页。

第六章　钱伟长科学精神的溯源及影响

钱伟长认为,做应用数学的人重点还是希望解决实际问题。

他指出,"去响应我们国家的号召,要使我们的数学力学作为生产力,那么我们的目标就应该以解决问题为主,为了解决问题,我们可以去搞数学,捏了鼻子跳下去,不过要记得回来","同样,我们的应用数学,或者叫力学中的数学方法,或者叫数学与力学的结合等等,要记得当前的任务是要解决实际问题。解决实际问题工具不够,我们跳进数学大海去捞宝、找办法,实在这个大海里没有现成的办法,那么我们自己去想办法"①。

在钱伟长心目中,绝大多数理工科类的问题是应用数学问题,作为我国最早的一位应用数学博士,他对应用数学有自己根深蒂固的认知,这种认知来自哥廷根应用力学学派。他在《八十自述》中写道:"在加拿大多伦多和美国加州理工大学时,和辛格、英菲尔德教授交往很多,在加州理工,亦曾多次和冯·卡门教授接触,他们都是欧洲哥廷根学派的传人。哥廷根学派是应用数学的倡导者,他们都有很深的数学根底,有更好的对物理过程的理解,都强调对物理过程的本质认识是主要的,但在数学方法上从不吝惜使用,力求其用在刀口上,要用得漂亮,用得朴素简洁。为了解决一个实际问题,有时不惜跳进数学这个海洋,来寻找最合适的工具,甚至于创造新工具。他们都警告我们,数学在应用数学者说来,只是求解实际问题的工具,不是问题本身。辛格教授甚至说:你们应该有捏着鼻子跳进海洋的勇气,但更应该懂得避免不要淹入海底,懂得在完成任务后爬上来,寻找新的物质运动的主题。数学本身很美,不要被它迷了路,应用数学的任务是解决实际问题……"②

钱伟长在长期的科学研究和实践中也深切地体会到,必须把数学科学和应用科学紧密结合。"我早年学物理,而后转攻应用数学,接着搞过工程研究和基础力学研究。我的大部分精力花在搞有应用背景的基础研究

---

① 钱伟长:《数学、力学与实践的关系》,载《钱伟长文集(下卷)》,上海大学出版社2013年版,第890页。
② 钱伟长:《八十自述》,载《钱伟长文集(下卷)》,上海大学出版社2013年版,第975页。

155

上。40年代和50年代,我根据当时航空航天事业发展的需要,搞过板壳的内禀理论和薄板的大挠度问题研究。在那些是非颠倒的日子里,虽一直被讥为'理论脱离实际',但我从未动摇过。上述领域中的工作最终还是得到了国内外的承认,并在各个工程部门得到了实际应用。十年动乱中,我不得不搞了一段时间的高能电池的开发研究,但还是从基础研究入手,翻译了几百万字的资料,然后进行创新,就得到了优于别人的成果。"①

钱伟长用擅长的应用数学中的摄动法解决了不少实际问题,却在某一时期受到了质疑,他说"其实,叫妖怪摄动理论我也同意,只要能解决问题","我是搞应用数学的,是用老一辈的数学传统来处理实际问题的人。在欧洲,力学和应用数学本是联系在一起的。所以,我认为我研究的都是力学的东西,是应用数学和力学。我们上海市应用数学和力学研究所从事的是应用数学和力学,我们不研究跟力学没有关系的应用数学。因此,我们做的恰恰就是像奇异摄动理论和有限元一类的,属于应用数学比较忙的一个分支"②。

能解决问题的科学才是好的科学。钱伟长是当之无愧的应用数学大师、应用力学大师。

---

① 钱伟长:《基础研究与应用开发必须宏观综合平衡》,载《钱伟长文集(上卷)》,上海大学出版社2013年版,第669页。
② 钱伟长:《新科技发展对力学教学的影响》,载《科技发展与力学教育》,上海大学出版社2001年版,第135页。

第二节　钱伟长科学精神的影响

20世纪以来,科学研究与国家目标紧密联系,已经成为保证国家根本利益、提升国际竞争力的战略要求。在经济全球化和知识经济时代,科学是一个国家发展的重要知识基础,是综合国力的重要组成部分,是引领经济社会未来发展的主导力量。从科学救国到科教兴国,依靠科学和民主实现中华民族的伟大复兴,是百余年来中国志士仁人的不懈追求。

巴斯德认为:"科学是国家繁荣的灵魂,一切进步的活源泉。"[①]科学是一个国家在精神和智力上的最高体现,谁拥有了科学,谁就可以立足于世界之首。而爱国也是钱伟长不断勇攀科学高峰、从"科学救国"走向"科技强国""科教兴国"的原动力之一。

"心中念为农桑苦,耳里如闻冻饥声。"钱伟长因为自幼生活清苦,对这样的诗句体会非常深切。他渴望的是我们国家能够快速发展经济,我们的人民早日走上富裕之路。钱伟长曾说,20世纪三四十年代,"又出现了大批知识分子出国留学的风潮,我就是在那股潮流中出洋的。不必隐

---

① 刘正坤、吴萍:《巴斯德法布尔》,新时代出版社2003年版,第72页。

瞒自己的缺点,那时我是一个科学救国论者。40年代战胜日本后,这批留学生陆续回国了,其中许多人参加了党的队伍。现在的学部委员中,就有不少是那时回来的。以后在党的领导下,革命成功了,我们也渐渐悟出单靠科学并不能救国的道理。然而,要促进生产,建立新的工业以至建设现代化的社会主义强国,又绝不能没有科学。"①

钱伟长还曾说:"科学发展,科教兴国,这是个大有可为的事业啊。"他把满腔的热诚献给了祖国,一生都致力于祖国的科研和教育事业。他的生活节奏始终是"奔驰不息":"我没有休闲生活,不抽烟,不喝酒,不锻炼,不胡思乱想,所以我身体健康。工作就是我强身健体的秘诀,脑筋用得越多身体越好。我睡眠时间不长,但睡眠效率很高。工作其实就是最好的休息。"②

钱伟长一直在各种工作岗位上努力奋斗,为国家和人民的事业尽心尽力。改革开放以来,钱伟长的足迹遍及全国28个省、市、自治区,敏锐地捕捉到中国社会新变化,通过民盟中央和全国政协,不断提出切合实际的强国富民良策,程度不同地被中央采纳。这些贡献一般不为人知。

钱伟长一生致力科技强国、科教兴国。钱伟长除了在上文所提及的专业研究领域中的广泛影响之外,他还将学术研究与社会活动紧密结合,关注社会发展和人民群众的需要,进行调研研究,积极建言献策,在深入实际、深入基层中,他践行科学精神,作出了积极的贡献,具有深远的影响。

一、科教兴中华,奔走为苍生

1995年,党中央、国务院召开全国科学技术大会,首次正式提出实施

---

① 钱伟长:《关于中国留学生的一点历史反思》,载《钱伟长文集(下卷)》,上海大学出版社2013年版,第727页。
② 于今,不吃老本的老人——钱伟长小记,http://blog.sina.com.cn/s/blog_5715a19c0100085x.html,2007年2月24日。

科教兴国发展战略。科教兴国,是指全面落实科学技术是第一生产力的思想,坚持教育为本,把科技和教育摆在经济和社会发展的重要位置,增强国家的科技实力及向现实生产力转化的能力,提高全民族的科技文化素质。

实施科教兴国战略以来,我国社会生产力迅速发展,经济和社会发展各个方面都取得了重大成就。实践证明,实施科教兴国是进一步解放和发展生产力,保证我国经济社会实现全面、快速、协调和可持续发展的根本途径,是振兴中华民族的必由之路。

钱伟长是践行和推动科教兴国的突出代表之一。1978年以后,钱伟长经常到各省、市、自治区,特别是贫困的边远山区考察,为富民强国出谋划策。南至西沙群岛,北到漠河,西及新疆大漠,无不留下他奔走的身影和直言的调查报告与建议。

1988年6月,钱伟长和费孝通率领民盟成员到青海、陕西、甘肃、宁夏等省区进行了一个多月的考察,考察结束后他们给党中央、国务院写了一封长信,建议国家在黄河上游建立多民族经济开发区,为全面开发大西北作准备。党中央、国务院领导对钱老和费老的意见十分重视,立即批复予以肯定,认为"建议很好,对党中央、国务院的科学决策,为地区开发和国家建设作出了宝贵贡献",随即批转国家计划委员会认真研究采纳。这封长信中的许多具体意见都被列入国家"八五"计划和十年规划中。当地干部群众都称赞二老为西部地区的开发建设做了件大好事。从此以后,钱伟长一次又一次地回西北实地考察。有评价说,钱伟长为西北人民提供的改革方案是全方位的,既有物质的,也有精神的。而这只是钱伟长为富国强民而奔走的一些缩影。

钱伟长正是抱着"科教兴中华"的设想,怀着无限深情、一次次不辞辛劳到祖国各地进行访问、咨询。他曾和费孝通教授在苏南进行小城镇经济调查,访问了11个县市,看到苏州、无锡、常州、南通、如皋等地农村的发展,尤其是沙洲县(现为张家港市)以自力更生、艰苦创业的精神,自办

工厂,自办大学,把长江冲积而成的不毛之"沙洲",建设成了繁荣富裕的新兴城市,工农业产值跃居全国各县之前列,很受鼓舞。在海南岛参观正在施工的洋浦港时,钱伟长提出了它在南中国海的战略地位和国际贸易中的重要性。在四川渡口、西昌地区,钱伟长提出了在祖国西南腹地建设综合开发工业基地的可能性。在山东东营、惠民一带,当他根据钱伟长的提议解决了黄河口"拦门沙"的问题,使黄河在正常情况下水流畅快,避免凌汛改道,现在该地区已开发为农田、牧场,棉花、稻米、畜产连年得到丰收。

钱伟长曾十几次系统考察大西北、大西南和老少边区,提出多项有益的建议。他曾应王恩茂同志之邀三次去新疆看水,在自治区水利厅同志的陪同下,从吐鲁番到库尔勒看孔雀河、博斯腾湖和铁门关垦区;到巴音布鲁克草原看开都河;到伊宁看巩乃斯河;到察布查尔走过伊犁河大桥,看伊犁河的中游;到骆驼脖子看水库丁地;到布尔津看额尔齐斯河;到可勒泰、福海看布伦托海、吉里湖;到石河子看玛纳斯河和垦区……钱伟长乘坐越野吉普车越过冰大坂,攀登天山,奔驰在戈壁滩上(最长的一次历时三个星期)。他要看水,因为水就是生命,有了水,戈壁滩就会变成绿洲,就像铁门关和石河子垦区那样,绿树浓荫,粮棉丰产。经过几千公里路程的颠簸考察后,他向自治区和中央汇报了开发水资源的建议。

钱伟长还曾多次到云南讲学访问,为滇西脱贫致富建言献策,并极力介绍"沙洲经验"。此外,钱伟长还参与提出了关于建立黄河下游多民族经济开发区的建议、关于西南少数民族地区扶贫致富的建议、关于闽东经济开发的建议、关于新疆大开发的建议、关于水利建设的建议、关于四川遂宁地区农业技术推广实验工作的建议等。

在十余年中,钱伟长到处给地方政府出主意,给农民出主意,力图使主意切实可行,有较大的"含金量",这些无偿提供的建议和意见,受到普遍欢迎。所有这些,事关富民,他一贯积极从事,乐此不倦。按照钱伟长自述:"在所有这些调查访问中,提出很多具体的建设性建议,一经采纳实施,便得到很大的经济效果"①。

以下内容摘自《中国政协》2010年第8期刊发的《爱我中国,奔驰不息:追记民盟中央原名誉主席钱伟长》一文:

> 1980年受福建民盟邀请讲学期间,钱伟长了解到福建马尾港有四个泊位因选址不当而淤塞,如迁南岸则费钱费时,且陆路不畅。经现场考察,钱伟长建议在对岸水中堆积卵石,"束水攻沙",解决了泥沙淤积问题,促成了抛石筑坝工程的实施。之后他数次去福建讲学考察,提出了开放三都澳为民用港口、开发湄洲湾、保护武夷山为朱子理学研究基地等建议。
>
> 1982年,费孝通和钱伟长率民盟中央智力支边小组去呼和浩特草原。
>
> 1986年,费孝通、钱伟长等10位主讲人以《我国社会经济科技发展战略问题》作为总题目,分别就中国科技、教育、人口等10个方面的战略发展问题发表看法。听众900余人中,有45%来自各级党政部门决策机构。这只是民盟中央"多学科学术讲座"历年活动中的一次。盟内知名专家、学者受邀赴各地开展自然科学、社会科学、形势报告等多方面的讲学活动,从1983年起就逐渐发展为由各级民盟组织的有组织、有计划的系列大型讲座,取得了极佳的社会效益。
>
> 1986年开始,民盟四川省委组织专家学者,开始了对遂宁的智力咨询服务。钱伟长从1989年"遂宁市经济发展战略研究"课题组成立伊始就亲自指导,历年来多次到四川指导"盟遂合作"工作会议。1990年,他在《求是》杂志上发表了《重视发挥民主党派在地方经济建设中的作用》一文,指出,盟遂合作"是共产党领导下,多党合作的一次成功和有益的尝试,为全盟提供了值得借鉴的榜样"。

---

① 钱伟长:《八十自述》,载《钱伟长文集(下卷)》,上海大学出版社2013年版,第995页。

1988年，开发大西北问题正式提上民盟中央议事日程。当年，费孝通和钱伟长带队进行了为期一个月的考察，并与甘肃、青海、宁夏、内蒙古两省两自治区的党政领导在充分的沟通和协商后达成了共识。7月，黄河上游多民族经济开发区建设研讨会在甘肃兰州召开。会后，费孝通和钱伟长以民盟中央主席、副主席的身份联名上书，向中共中央和国务院提出建议，希望建立黄河上游多民族经济开发区。这项建议很快得到批复和支持，经媒体报道后在社会上产生了广泛影响，对推动当地经济发展发挥了重要作用。此后，民盟中央成立了名为"区域发展研究委员会"的专门机构，费孝通、钱伟长担任召集人，积极推进这项工作的开展。后来，黄河上游民族经济开发区顺利建成，西北地区的老百姓感动地说："钱伟长和费孝通为我们西北人做了件大好事！"

此外，在甘肃，他和民盟中央的同志建议用黄河的电力把黄河水送上高原。目前已形成11个灌区，500万亩良田，平均亩产400公斤。常年缺粮的甘肃省已经自给有余，并有了丰富的蔬菜瓜果。

他和民盟中央的同志还建议金川镍厂打破单一冶炼模式，超产留厂，深度加工。目前，该厂周围已形成有42个集体所有制厂的附属企业群，开发出多种贵金属和各种畅销国内外的产品。贫穷的金川已经变成河西走廊上一颗金灿灿的明珠。

在云南，他建议恢复汉朝通商路线，把滇西变成我国云贵川地区与缅甸、印度、孟加拉国、老挝、泰国、越南之间的商业大道，并建议开发矿产以繁荣西南边陲。

此外，他还于1985年至1990年任中华人民共和国香港特别行政区基本法起草委员会委员，1988年任中华人民共和国澳门特别行政区基本法起草委员会副主任委员、中国和平统一促进会会长，为香港、澳门回归和祖国和平统一大业奔走，做了大量细致的工作。

第六章 钱伟长科学精神的溯源及影响

（一）建言沙洲发展，宣传"沙洲经验"和张家港精神

1. 与沙洲结缘，建言沙洲发展

1983年11月，钱伟长和费孝通等一行访问了常州、无锡、宜兴、江阴、沙洲（现称为张家港市）、南通等长江三角洲的十多个县市的乡镇企业。钱伟长和费孝通这两位泰斗级的大学者既是同乡，又是铮铮挚友，还是多年的邻居。当时同为民盟领导人的他俩，却有着深刻的平民情结，忧国忧民，心系百姓。

当时的社会正处于改革开放初期，国家政策逐渐转向以经济建设为中心的社会主义建设上来。通过这次调查访问，钱伟长对乡镇企业刮目相看，不仅看到乡镇企业在发展农村经济、吸收农村剩余劳动力、为农业发展提供资金投入、促进农业现代化的重要作用，还敏锐地意识到，发展乡镇企业，不仅能提高农村经济生活的水平，而且也可为农村中建设社会主义提供基本条件，还可以逐步消灭城乡差别、工农差别，并使富裕的农民重视文化科技水平、发展农村教育，从而逐步消灭脑力劳动和体力劳动的差别。

这次调研，让钱伟长与沙洲市结下了不解之缘，他成为最受沙洲人民爱戴的好领导、好专家、好朋友。沙洲市位于中国"黄金水道"长江下游南岸，处于中国沿江沿海两大经济带的交汇处，上海、南京、苏州、无锡等大中城市环绕四周。钱伟长凭着自己视察全国各地乡镇企业的丰富阅历，发现了沙洲市的特殊优势和经济价值，他建议沙洲市按照"城市现代化，港口国际化"的发展思路，高起点规划，还帮助规划了扩建港口码头、扩建沙钢等乡镇企业的计划，他的长远规划让沙洲市有了宏伟的发展远景。

由于乡镇企业的生产和销售产品的需要，教育成为制约该地区发展的瓶颈。钱伟长赞同"农民办大学"的农村高等教育创举，支持沙洲兴办高等教育促进乡镇工业的持续发展。他不仅欣然受邀兼任了沙洲工学院的名誉院长，还在教师、教材、教育经验、毕业设计等诸多方面给予了实际的支持。1985年秋，时任中共中央总书记的胡耀邦到沙洲视察时，曾为沙

洲工学院题词"沙工犹如长江水,不尽人才滚滚来",正说明了沙洲工学院是沙洲发展的一把"金钥匙",是沙洲科学发展的人才智库。

经过20世纪80年代和90年代初期的经济高速发展,张家港在江苏乃至在全国县域经济发展中奠定了一定地位。1995年,中央宣传部、国务院办公厅联合在张家港市召开全国精神文明建设经验交流会,"团结拼搏、负重奋进、自加压力、敢于争先"的十六字"张家港精神"和"张家港经验"走向了全国。如今的张家港市,可谓一日三变,成为典型的江南水乡。张家港市2005年实现社会生产总产值570多亿元,经济非常繁荣。张家港已成为长江水道上一个新兴的港口工业城市。

2006年11月12日,上海大学迎来了第一个"张家港日"的诞生,在菊花簇拥的泮池边隆重举行了"张家港路"命名揭牌仪式。"张家港路"的命名和"张家港日"的诞生是钱伟长关心的张家港与他领导的上海大学密切合作的见证。上海大学还把"张家港精神"内化为精神动力,用"张家港精神"丰富和充实校园文化,把学习"张家港精神"、借鉴"张家港经验",与弘扬上海大学"自强不息""先天下之忧而忧,后天下之乐而乐"的校训结合起来,与培养全面发展和具有创新精神的人的办学理念结合起来,争取早日把上海大学建设成为国内一流的综合性研究型大学。

2. 总结和推广沙洲经验

沙洲的成功让钱伟长更加坚定了推动农村发展乡镇企业的信心和决心。张家港的成功,靠的是"团结拼搏、负重奋进、自加压力、敢于争先"的"张家港精神"以及"创业、创新和创优"的精神。"张家港精神"作为民族精神、时代精神的体现,具有非常现实的教育意义和示范价值。从此以后,钱伟长作为全国政协副主席、民盟中央副主席,率队到全国各地视察,走遍了祖国的大江南北。他每走到一地,就把张家港市发展乡镇企业的经验宣传到一地。

1984年,钱伟长到了福建福州、泉州、漳州、厦门等地,在漳州做了关于沙洲经验的报告,还在1986年9月参加民盟召开的九龙江地区经济发展座谈会，并接受了县办漳州大学的名誉校长一职。1985年4月，参加了无锡经济社会发展战略咨询会议，5月，到连云港进行了咨询开发工作并作了关于沙洲经验的报告，受厦门市市长邀请到厦门进行了开发建设咨询工作。1986年，应珠海要求往访，并被聘为该市顾问。

1988年5月至7月，钱伟长应山东省省长邀请，到山东调查，访问了济南、梁山、东阿、淄博、临朐、长岛、烟台、威海、荣成、乳山、潍坊、滕州、泰安、青岛等30余县市，不断宣传沙洲的乡镇企业的经验。

1991年5月，他第一次来到湖北随州视察。年轻的县长约钱伟长与几个镇长座谈，钱伟长给他们介绍了张家港市致富的经验。看得出，几个镇干部听得很认真，并认真地作了录音。据说，湖北省在全省范围内播放了钱伟长介绍张家港市发展乡镇企业经验的录音，在全省各地引起强烈反响。后来，随州乡镇企业的总产值达到70亿元，成为湖北经济增长速度较快的地区之一。使钱伟长感到意外的是，钱伟长在湖北随州介绍张家港发展乡镇企业经验的录音磁带竟然被有心人带到了辽宁省。辽宁省委书记指示，要求在全省各县市广泛播放，以此为契机，对乡镇企业的发展引起高度重视。与此同时，辽宁省委邀请钱伟长到沈阳市和丹东市视察。钱伟长与辽宁省的领导对怎样利用大连、丹东这些良好的港口"基地"进行了精心策划，使之成为带动辽宁乃至整个东北改革开放腾飞的起点，把海岸线变成东北人民走向世界的起跑线。

1991年春，应甘肃省政府邀请，钱伟长访问了河西走廊、黄河两岸的灌区、定西地区、临夏地区、天水地区和平凉地区共40余县市，行程5 000公里。他到处宣传发展乡镇企业和沙洲经验，与当地干部、群众一道认真研究解决大漠荒原经常干旱缺水的当务之急，促进了当地经济社会的发展，受到了广大群众的称赞，说他"为干旱的大漠荒原下了一场及时雨"。

（二）为毕节谋发展的14年，毕节人民时刻铭记钱伟长

钱伟长逝世当晚，贵州毕节的同志就打电话到民盟中央，询问后事怎么办、毕节人民对他的怀念如何表达，足见钱伟长在毕节人民心中的地

位。钱伟长担任了"支援贵州毕节试验区规划实施专家顾问组"的第一、第二、第三届组长和第四届总顾问。20多年来,他曾就贵毕公路、洪家渡电站、毕节化肥厂"6改12"等项目,亲自给国家和有关部委领导人写信反映情况、提出建议,对促成这些项目的立项和修建发挥了重要作用。2008年9月,钱伟长被授予"毕节地区荣誉市民"的称号。

钱伟长热心参与社会服务、智力扶贫工作,体现了老一辈科学家和国家领导人的优良传统和高尚风范,为社会和更多的后来者树立了榜样。

1. 受命问计毕节,一干就是14年

2008年9月23日,由贵州省毕节地委、行署主办的毕节"开发扶贫、生态建设"试验区20周年座谈会在毕节市隆重举行。在当天召开的座谈会上,毕节地委、行署授予了20年来为毕节试验区经济社会发展作出特殊贡献的钱伟长、厉以宁、常近时、胡敏四位专家"毕节地区荣誉市民"称号,并各赠予古典城门钥匙一把、金质奖章一枚及荣誉证书。同时,还对专家顾问组的徐采栋等16位专家进行奖励。毕节的人民忘不了以钱伟长任首任组长的中央智力支边协调小组对毕节发展作出的杰出贡献。

"毕节试验区是中国共产党领导的多党合作和政治协商制度在经济建设新时期的成功范例。"2003年10月,中央政治局常委、全国政协主席贾庆林视察毕节,高度评价了毕节试验区紧紧围绕"开发扶贫、生态建设、人口控制"三大主题,坚持深化改革,不断探索可持续发展之路所取得的成绩。

贵州简称"黔"和"贵",是国家实施西部大开发战略的十个省区之一。贵州山川秀美、气候宜人,是资源富集的西部内陆省份,平均海拔1 100米左右,素有"八山一水一分田"之说。毕节是贵州的一个少数民族地区,在这个26 853平方公里的土地上,生活着汉、彝、苗、回、白、仡佬等三十多个民族共700多万人。毕节地区位于贵州省西北部的川、滇、黔三省交界处,是乌江、赤水河、北盘江的主要发源地,全区辖毕节市、大方县、黔西县、金沙县、织金县、纳雍县、赫章县和威宁彝族回族苗族自治县。东邻贵阳市和遵义市,南接安顺地区和六盘水市,西与云南交界,北与四川

第六章 钱伟长科学精神的溯源及影响

接壤,有着较好的区位优势。

1982年,中共中央统战部提出了民主党派"智力支边"这一概念,并大力支持民主党派开展的智力支边活动。由于智力支边为像毕节这样的边远贫困地区无偿提供了最缺乏、最需要的科学技术和智力信息,所以一开始就受到了边疆少数民族地区干部群众的广泛欢迎。正如费孝通所说,民革、民盟、民进、农工、九三学社等民主党派,都是由有政治觉悟的知识分子组成的,所以都是"智力集团",其中,"不少人已花了许多时间和心血,积累了一些知识,需要人家理解,需要起作用,有益于人民,这是知识分子最重视的东西,比什么都可贵。所以,我想,知识分子都是乐于为智力支边尽一分力量的。"①

顾问组常进时教授的一席话,表达了支援贫困地区建设工作者的心声,他说:"我是国家培养的一名知识分子,从初中到大学都是靠国家供给完成学业的。而学成的目的是唯一的,那就是为人民服务,为人民更好地服务。我的个人价值只有在为人民服务中才能得到体现。我和顾问组专家们一样,都有报国之心,都有为人民服务的迫切愿望。但在极'左'路线横行时,缺乏这种机会。1978年党的十一届三中全会拨乱反正,工作的重点转到以经济建设为中心的轨道上来,国家的发展为我们这些有意报国、有意为人民做贡献的党外知识分子,在党的统一战线的感召下,提供了为贫困地区发展经济,扶贫解困,为人民谋福祉的大好机会。"②

1988年12月7日至13日,由钱伟长率领的以农工民主党中央委员、北京农业大学教授常进时为组长、李孝芳(九三学社中央委员、中科院教授)、叶文虎(致公党党员、北京大学环科中心副主任、教授)、杨金和(煤炭科学院化学研究所所长)、罗剑雄(民革中央四化工作培训部副部长、教

---

① 费孝通:《民主党派智力支边》,载《费孝通全集 第10卷(1983—1984)》,内蒙古人民出版社2009年版,第115页。
② 包俊洪:《合作与奉献 毕节试验区专家顾问组20年》,中央编译出版社2009年版,第205页。

授)为成员的专家组,再次来到毕节,和试验区发展规划编写人员一道,对发展规划初稿进行评审,详细、具体地提出了修改意见。12月14日,钱伟长率领专家组和毕节地委、行署的同志一道,在贵阳向中共贵州省委、省政府汇报对毕节试验区发展规划(初稿)的评议情况。

1988年4月,受时任贵州省委书记胡锦涛同志的邀请,中央智力支边协调小组前往毕节,进行了为期13天的调研,并随后组建了以全国政协副主席钱伟长为组长的在毕节发展中起重要作用的智囊团——"支援贵州毕节试验区规划实施顾问组"[①],顾问组成员绝大部分来自各民主党派成员在各个领域的专家、学者。他们深入厂矿、农村考察调研,为试验区经济社会发展把脉,进行规划论证,指导毕节的改革试验与发展。

众望所归、被推荐担任组长的钱伟长,时任全国政协副主席、民盟中央副主席,已是75岁高龄。他没有半点迟疑,毅然担当起专家顾问组组长的重任,而且一干就是14年(连任三届组长),为试验区的发展倾注了大量的心血,认真为试验区经济社会发展把脉、建言献策。

1988年6月9日,贵州省人民政府报经国务院批准建立了"毕节地区开发扶贫、生态建设试验区",成为全国第19个农村改革试验区。由此,中央统战部、各民主党派中央、全国工商联开始了艰苦卓绝的帮扶过程,钱伟长和工作组也将探索贫困山区科学发展之路作为自己的历史责任,把助推毕节试验区改革与发展作为自己的事业,孜孜不倦,勤勤恳恳。他们帮助试验区制定发展规划,提出了建设"两烟"、畜牧业、铅锌、煤炭产业群,建立项目储备库,培训项目管理人才等重大建议,为隆黄铁路、贵毕公路、一批大型水电站和火电站等重点项目的立项、开工建设系统运筹,上下联系,促成了一批骨干项目的建成,为试验区培训了数千名经济、计生、管理等方面的干部。

[①] 据毕节政协网站(http://www.bjdqzx.gov.cn/),第一届"支援贵州毕节试验区规划实施顾问组"名单(1989.9—1993.8):全国政协副主席民盟中央副主席钱伟长任组长,致公党中央副主席杨纪珂、九三学社中央副主席徐采栋、农工中央委员常近时任副组长。

2."捧着一颗心来,不带半根草去"

毕节人民也不会忘记1997年5月22日这一天——毕节试验区实验学校在大方县羊场镇举行奠基典礼,时任全国政协副主席、民盟中央名誉主席、毕节试验区专家顾问组组长钱伟长,全国人大常委、民革中央副主席、副组长胡敏,全国政协常委、农工民主党中央常委、副组长常进时等,不辞辛劳,一路风尘,在羊场镇现场捐资20万元。

当时已86岁高龄的钱老是第二次到毕节。1996年春节期间,他在北京将胡敏和常近时邀请到自己的家中商谈,提出"提高文化素质是贫困的毕节摆脱贫困的保证"的观点,倡议参与帮助毕节扶贫的中央统战部、各民主党派中央、全国工商联等单位共同资助毕节地区修建一所实验小学,作为扶贫项目来探索贫困地区发展教育、培养人才、振兴经济的路子。

钱伟长等三人的建议很快得到积极回应,各民主党派中央、全国工商联和中央统战部共同捐资20万元。至此,由各民主党派中央、全国工商联等资助200多万元在毕节地区建立的希望学校已达20多所,建筑面积共计1万多平方米,总计可容纳8 000多名学生。

"对一个地区来说,我们所办的事并不太多,就拿捐资教育来说,我们所捐款并不多,但心意却比数字大得多,我们把善意的心情带来,作为试验区建设的一种鼓动,希望大家把教育放在重要位置。关心教育,关心我们的下一代,就是关心我们国家和民族的前途。"这是钱伟长在毕节地区留下的谆谆诲言。

第四任专家顾问组组长厉以宁曾评价道:"支持毕节试验区的专家顾问组成立十几年来,在钱伟长主席的领导之下,做了很多工作。他每回北京一次就讲:又到毕节去看了,毕节又变了。我们在他们长期坚持的基础上,是新接班的专家顾问组。"[①]

为了毕节的发展,钱伟长一直是"捧着一颗心来,不带半根草去",后

---

① 厉以宁:《世纪之歌——从毕节的发展看西部大开发》,载《前进论坛》2008年第2期。

来不再担任顾问组组长的钱伟长还以各种形式关心着毕节的发展,他曾数次委托夫人孔祥瑛向毕节的贫困儿童捐款,以默默无闻的实际行动表达对于毕节人民的一片真心。

(三)力促克拉玛依成功"引水"

"克拉玛依"系维吾尔语"黑油"的意思,得名于市区东北2公里处的黑色山丘——黑油山。1955年7月6日,克拉玛依正式拉开了油田勘探开发的序幕,同年10月29日,克拉玛依第一口油井完钻、喷油,我国第一个大油田宣告诞生。1958年5月29日,经国务院批准设立克拉玛依市。克拉玛依市因石油而诞生,又以石油工业为依托而不断发展壮大。

钱伟长非常关注油田的发展。1995年8月13日,时任全国政协副主席的钱伟长一行乘越野吉普车来到彩南原油集中处理站。钱伟长是在考察新疆农业开发途中专门来此考察我国第一个整装沙漠油田的。在处理站内,新疆石油管理局的工作人员向钱伟长介绍了彩南油田的情况,钱伟长听得很认真并不时提问。当介绍到彩南第一口井时,钱伟长问:"这口井井深是多少?"回答:"两千多米。"钱伟长点点头,又问:"在这里打一口水井需要多少钱?用水量有多大?"钱伟长提的这个问题没有马上得到答复时,他一连问了三遍。他又问:"彩南的开发最终远景如何?"工作人员告诉钱伟长:"彩南的最初产能设计是年产100万吨原油,今年已达到150万吨生产能力。"钱伟长追问:"能不能达到200万吨?"工作人员笑着回答:"我们正在做工作,仍在进行勘探研究。"考察中,钱伟长显得对石油开发很熟悉。他身边的工作人员告诉大家,钱伟长一向很关心边疆建设和油田开发,他来过新疆8次,全国各大油田几乎都看过。

8月21日,钱伟长又来到克拉玛依考察。此行中,钱伟长对新疆石油工业的关心、为解决克拉玛依用水问题所作的努力,被永远铭记在克拉玛依人民心中。钱伟长率专家组赴新疆考察自治区引水工程的可行性。在克拉玛依,他认真听取了克拉玛依受水制约的现状汇报。

在引水工程竣工之前,克拉玛依市的日供水能力是19.5万立方米,每年超负荷供水的天数都在40天以上。由于水源严重不足，距克拉玛依市100多公里的艾里克湖1992年濒临干涸。看到在这片干涸的土地上毅然矗立的城市，钱老的心被克拉玛依人坚忍、顽强的生命力所震撼。"如果不解决水的问题，新疆石油管理局和克拉玛依市的发展就会受到制约"，"在水的问题上可以分两步走，一是挖潜，二是调水，把其他水域的水引到这里来。这个工作早一天做，就多一份主动"。

回到北京后，钱伟长以一位科学家的历史责任感撰写了一份考察报告，上呈国务院。报告中指出：根据实地勘察，建议新疆引水工程分两期进行。第一期引水到克拉玛依，第二期引水到乌鲁木齐。

1995年12月，国务院正式批准了"引水济克工程"。2000年8月8日，全长463公里、每年可为克拉玛依提供4亿立方米水的克拉玛依"引水济克工程"全线通水。"建成我国西北地区重点的原油生产基地、重要的石油化工基地、农牧业生产加工基地，使其成为全疆经济的核心区。"克拉玛依从此走上了可持续发展之路，成为资源型经济城市从单一经济向多元经济发展的典范。

二、倡导基础研究与应用开发必须宏观综合平衡

基础研究是一个国家科技发展水平的重要标志，它在科技发展中的重要地位和作用，已经得到越来越多人的认可。中国作为一个大国，也有责任和义务为世界的科学发展贡献自己的智慧。以社会需求为动力的应用研究，和以解决在科学发展中出现的基本问题为动力的基础研究，完全能够且应该并驾齐驱，相得益彰。

钱伟长一贯坚持基础研究必须和应用开发相辅相成，必须在宏观上加以综合平衡，才能更好地推动科学进步和社会发展。80年代，国内某些部门和企业在科研的组织和安排上出现了一种急功近利的倾向。1986年4月7日，钱伟长在《文汇报》上发表《基础研究与应用开发必须宏观综合平衡》一文，文中指出："由于过于片面强调近期微观经济效益，往往只重

视一些开发性的工程研究,而忽视必要的基础研究。不少大中型企业,目光盯住国内市场,只抓近期见效的'短、平、快'项目,实行'拿来主义',生吞活剥地吸收现成的技术和理论成果,不愿投资于周期长、收效慢然而后劲足的中长期科研项目。有些研究机构急于争取科研资金,将主要力量转向开发研究。而一些基础研究的单位资金短缺,有些研究工作不能得到社会的恰当承认,科研人员报酬相对递减,项目难以为继。""有不少企事业单位的实际决策者,有的不懂科学,不懂科学研究的规律,有的只顾追求近期微观经济效益,自觉或不自觉地把基础研究项目拒之门外。有些本来从事基础研究的科研、教学人员,迫于提职、提级、创汇、创收评估指标的压力,不得不忍痛割爱而转行。这些都是令人痛心的现象。"

针对这些现象,钱伟长指出:"科学研究大致可分为基础研究、应用基础研究、应用研究和开发研究等四类,它们之间是相辅相成、缺一不可的。前两者是后两者的基础,后两者是前两者的发展和联系实际的桥梁。周恩来同志曾指出,我们党历来是重视基础理论研究的,科学规划中,一定要加强基础理论的研究。科学技术发展史也表明,科学研究的正确道路应该是:从生产实践和人类认识实践中总结经验,提炼问题,经过长期的基础研究和应用基础研究,总结出规律性的东西,上升到理论高度来认识,再到实践中应用和开发,接着进行高一层次的循环。"

20世纪70年代,美国政府忽视基础研究,针对政府削减基础研究费用的情况,美国国家基金会主席菲利普·汉德勒在给美国《科学》杂志编辑部的信中说:"我所关心的是我们不要猛烈地追求直接的研究,以致损害了我们在基础研究方面的努力,基础研究是一只会下金蛋的鹅。"钱伟长也同样关心基础研究,他在《基础研究与应用开发必须宏观综合平衡》一文中,以贝尔电话实验室、柯达公司的成功案例,来说明搞好基础研究能更好地带动应用和开发:在这些机构中,不仅有足够的科研经费支持基础研究,还有"数以千计的数学家、物理学家和化学家从事基础研究,提供良好的环境和条件。他们既培养出了诺贝尔科学奖获得者这样的精英人才,也使商品和技术不断得到更新和发展"。文章中他还引用李政道教授的总结——"近30年来,美国的半导体、集成电路、激光、新材料等产业中的重要领袖几乎都是由基础和应用基础科学培养出来,然后转移过去的"这些话来说明基础理论研究的重要性。

众所周知,基础研究以认识自然现象、探索自然规律为目的,重点是探索自然现象的内在规律和机制,目前或短期内很难取得经济效益。但是现代科学技术的成果有90%是来自基础研究的,基础研究虽然在短期内不能转化为生产力,可它始终是科学—技术—生产力这一链条中的首要因素。钱伟长断言,不切实抓好基础科学研究,就很难在科学技术上打翻身仗,很难取得突破性的成果,很难尽早实现社会主义的四个现代化。钱伟长还从自己从事科学研究几十年的实践中总结出:必须将基础研究、应用基础研究、应用研究和开发研究紧密有机地集合起来才能取得成功。不仅是国家的宏观全局,即使是个人的研究实践,想要在学术上创新,是无论如何离不开基础研究的。

对基础研究重要性的认识关系到科学事业发展的全局,为了改变当时社会的现状,钱伟长还特别指出重视基础研究必须加强对科学研究规律的宣传,提倡要遵循科学研究中的理性精神。他认为,为了振兴经济,在当前必须将主要的科研力量投入应用和开发,同时社会应鼓励一定数量的人专心从事基础研究,决策机构必须对从事基础、应用基础、应用和开发研究的人力物力作出全面测算和配置,各部门在科研资金的调拨和分配上必须切实照顾基础研究工作者的需要和利益。更为重要的是,要使人们充分认识到基础研究的重要性、长期性和艰苦性的程度,决不亚于应用开发研究。

钱伟长指出,千万不要采取"杀鸡取卵"的愚蠢做法,要重视基础研究,搞好科研项目的宏观综合平衡,"还要对有志于基础研究的同志们讲一点希望:认定目标,坚定志向,安于清贫,孜孜以求,把你们从事的有意义的工作做下去,最终定能得到社会的承认!"

1984年，钱伟长到上海工业大学履任校长后旋即创办上海市应用数学和力学研究所，致力推进基础研究，同时鼓励与应用研究的两翼齐飞，后来力学所的发展也证明了在大学中设立基础研究实验室，整合其既有的人才优势和学科优势，是推动基础科学研究的最好的基地和平台，对于充分发挥基础研究和应用研究的相互促进作用是一个很好的尝试。

曾与钱伟长有过接触的最高科技奖得主、中国科学院院士谷超豪曾说："他对中国的教育事业都很关心，作为上海大学校长，很关心教育事业的发展。他很重视基础科学。"谷超豪始终铭记着钱伟长对他如沐春风的关怀，钱伟长的学术精神以及对教育事业的执着也让谷超豪深深敬重。

三、强调系统工程在科学发展中的重要作用

20世纪60年代以来，微电子和计算机技术得到飞速发展与广泛普及，并逐步渗透到社会生产生活和科学技术的每一个角落，推动了与系统科学各相关学科的迅猛进步，各国很多科学家都纷纷开始研究系统科学。从20世纪70年代末到80年代初，钱伟长、钱学森、宋健、关肇直、许国志等都参与了系统工程的普及工作，让更多的人了解系统工程，使得系统工程在科学发展和各项工作中发挥了重要的作用。

1979年3月，钱伟长在全国政协科学技术组会议上作"关于组织和管理的近代科学——系统工程"的报告中指出，系统工程最多地运用于三个方面：第一个方面是科研技术的管理；第二个方面是军事管理；第三个方面则是用在社会活动的管理方面。他认为系统工程具有两个理论基础：其一是辩证唯物主义的理论基础；其二则是定量的数学技术，也就是"运筹学"。运筹学的内容很广，涵盖线性规划（就是人员、设备、材料、资金、时间的变动对于整个系统的运动发生的影响，这些变动产生的影响和变动的多少成正比）、目标函数、博弈论、排队论、搜索论、库存论、决策论、可靠性理论。

钱伟长不仅是系统工程普及工作和讲座的组织者，更是主要的主讲

人之一。他为了系统工程的普及和推广、人才培养,推动系统工程在各个领域的应用发挥了十分重要的作用。以下是钱伟长作关于系统工程报告的部分信息:

1979年3月,在全国政协科学技术组作题为《关于组织和管理的近代科学——系统工程》的报告;

1979年5月,应苏州市科协邀请作题为《为实现四个现代化努力奋斗》和《系统工程》的报告;

1980年7月28日,在青岛作"系统工程学"的报告;

1980年4月4日,在湛江市霞山人民会堂作系统工程学学术报告;

1980年3月7—14日,石油部在胜利油田召开石油地质科研组织管理工作座谈会,全国二十个石油地质研究院(所)的院长及科技管理干部共69名代表参加了会议,钱伟长在会上作了"系统工程"的书面发言;

1980年9月24日,应福建省政协、民盟福建省委和省科委、省科协的邀请,先后作了题为《关于实现四化的若干问题》和《系统工程——组织管理规划的科学》的报告。

钱伟长在《八十自述》一文中提及,系统工程这个报告在全国各地讲过约200次上下,听众达30万人,使不少领导同志认识了管理科学的重要性。1983年以后,全国纷纷成立管理学院,1985年以后,钱伟长还兼任了田夫同志为院长的中国管理科学研究院的名誉院长。

在每次关于系统工程的讲座中,钱伟长都会从系统工程的重要性和什么是系统工程、系统工程的内容、系统工程的理论背景这几个问题谈起。他说,"系统工程是人们在长期的生产实践中总结出来的一整套有关组织管理的科学方法和技术。关于系统工程的问题,就是一个组织管理科学化的问题",指出"我们必须大力宣传、普及系统工程方面的观点、方法,使大家逐步地认识这个问题,这样才有可能适应现代化生产技术的发展,把四个现代化的工作做好"。他还以"消化系统"和"力学系统"的例子,说明系统工程也有它的目的性,同时其他系统又与其关联,一个系统和其他系统既有分工又有联系,并指出"所谓系统工程,是我们在为完成某一种任务或者某一个目的所从事的工作中,要求能够用最好的办法,最少的花费,最轻的劳动达到这个目的"①。

钱伟长以他博古通今的智慧和敏锐开放的思维,利用古今中外的各种案例,旁征博引,剖析佐证。用制造第一颗原子弹的"曼哈顿"计划和阿波罗登月宇航计划说明在科学技术管理中,有些决策是根据人们的目的要求来进行的,也有的是根据本身大量的研究来决策的。因此科学研究技术的发展,也在于系统工程在科学研究管理方面的使用。组织与管理的工作都服从于系统工程这个科学,就是要用最少的人力、物力和资金,用最短的时间,最有效地发展某一个科学技术,完成某一项任务。

在讲座中,钱伟长还会举都江堰水利工程、我国工农业生产建设中的实例来说明系统工程是什么,指出都江堰水利工程到现在还在为我们国民经济创造财富,这个非常成功的工程最本质的东西也都符合系统工程最本质的东西。

钱伟长认为,把所有社会上的活动都变为有目的的活动,向对社会有利的方向活动,用一种科学的方法把它组织起来,使它发挥积极的作用,这整个就叫系统工程。系统工程对社会上各种事情都能管,都能预测它的规律。

钱伟长为系统工程发展所作的深入浅出、内容丰富的系列报告如同一阵科学的清风,获得了全国各地的听众和相关人员的肯定,可谓"听君一席话,胜读十年书"。在推广和宣传系统工作的过程中,他敢于评议政治、经济、文化、教育等领域的时弊,这在改革开放初期是难能可贵的,也体现了钱伟长对于科学和社会的发展敢于秉性直言、尊重科学发展的理性精神。

近20多年来,系统工程在我国国民经济建设和管理中大有作为,在宏观战略和微观应用上都是成绩斐然,从某种意义上说,身体力行始终致力

---

① 钱伟长:《关于组织和管理的近代科学——系统工程》,全国政协科学技术组的报告,1979年3月

推广系统工程科学的钱伟长对此做出了一定的贡献。

四、致力地区发展战略和区域规划

在改革开放之初,钱伟长还特别关注地区发展战略与规划的问题,不仅提出了许多有建设性的建议,还到各地进行了调查、访问,实地给予指导。

钱伟长地区发展和规划的主导思想是在调查研究的基础上,综合上述的内涵因素和外联关系,寻找地区的发展战略,制定近期和远期的发展规划。其近期部分应该能实际执行,其远期部分在将来可以根据新的情况、新的条件,进行修订后逐步执行。

钱伟长认为,规划是动态的,不是静态的,规划是可以改变的,是要不断修正的,但不是随意地变,主观地变。有的地方换一任领导,改一次规划,规划是根据领导意图定的,那样的规划没有用。"做区域规划,要把一个区域当成一个系统,不能把一个区域从全局中孤立出来。上下联系、横向联系、国内外联系,构成一个系统,人们往往忽视这些联系。局部孤立于全体,一定要失败。"① 他还提出在发展战略研究中,应特别重视各种因素和关系的信息。只有在大量信息的支持下,才能得到较为实际的结论。他指出:"寻找某一地区的发展战略中最关键的一步,就是决定模式和决定目标。战略模式因地而异,如上述崇明岛的模式不是出口加工区的模式,而是鹿特丹式的河口海港模式。它以发展长江和沿海航运业为中心,发展中小型造船业、修船业和旅游服务业等。当然并不是说,其他工农业水产业都不发展了,只是说重点应该放在港口和转口设施的建设而已。山区有山区的模式,沿海港口有沿海港口的模式,苏南平原是轻工基地的模式。例如,美国首都华盛顿只有政府机关、博物馆、美术馆和图书馆,以及为旅游和各种会议服务的商业和服务业,没有工业,没有高楼大厦。这

---

① 钱伟长:《区域规划的几个问题》,载《钱伟长文集(下卷)》,上海大学出版社2013年版,第797页。

也是一种发展模式。"①

在区域规划和发展战略中,钱伟长最关注的是经济发展与人民利益。他是这么说,也是这么去做的。

(一)平凉考察建言矿区整体规划

1991年8月9日,由钱伟长和谈镐生、邓团子等人组成的考察团,在视察了平凉市、泾川县后,来华亭县对华亭矿务局、华亭县煤矿进行了为期一天的考察活动。

考察中,钱伟长一行四人听取华亭矿务局负责同志关于矿区整体规划及生产销售中存在问题的汇报,当听到煤炭价格不合理、造成企业亏损严重时,钱伟长说:"煤炭价格低是需要改革的。我回到北京一定向有关部门反映煤炭价格不合理的问题。"钱伟长对矿区的长远发展提出了宝贵意见,他说:"煤炭开采完了,以后干什么,要从长远着眼。单打一的原料生产是存在这种情况的,这个问题我在东北讲话中指出来了。苏联有个油田的油采完了,人都跑完了,那地方成了一片废地,而美国的洛杉矶也是一个矿区,资源采完了,那里现在还兴旺发达。说明了石油没有了,他不是单打一的生产。我觉得你们经济困难,投资少,能不能考虑煤炭深加工生产的问题,用煤搞一个什么小的加工厂,从小做起,先搞投资小的,逐渐扩大。金昌市也是这样,把镍拿出来搞深加工,办什么钢管厂等。事在人为,煤炭的销售问题要靠自己想办法,去找市场,不要光等靠铁路来运输。来之前,我去崆峒山看到摆小摊的都是温州人,我们要向他们学习,你们自己动脑子还不够……"②

(二)建言启东吕四港开发

2003年,钱伟长在吕四港考察时曾为吕四港的地区发展和规划提出了不少真知灼见。经过多年对沿海城市及沿海经济的反复研究,钱伟长

---

① 钱伟长:《地区发展战略研究》,载《群言》1986年第12期。
② 中国人民政治协商会议甘肃省华亭县委员会学习文史群体委员会办公室:《华亭文史资料(第一辑)》,第195页。

的脑海中勾勒着一幅关于吕四港开发的宏伟蓝图。

目睹启东得天独厚的区位优势和大唐吕四港电厂火热的施工现场,钱伟长对吕四港开发作了进一步的思考,提出客观而现实的建议,并把建议写进一份有关沿海开发的草案中,他认为连云港—射阳—盐城—吕四是一条黄金海岸,从连云港到启东几百公里的海岸线应很好地加以利用,加快沿海码头的建设,重点应建设好连云港和启东港。在长江三角洲经济的发展中,上海的龙头地位和中心地位毋庸置疑,其位置相当于美国的纽约港,但是作为航运物流中心的北部呼应,建设启东的吕四港无疑为上海提供了一个相当于波士顿港的大型港口。钱伟长曾满怀期望:以上海远东大港为龙头,吕四和宁波两大港口齐头并进,必定会对中国的东部乃至中国的经济产生巨大的推动作用。此后不久,钱伟长关于吕四港开发的建议草案就送达了中央。

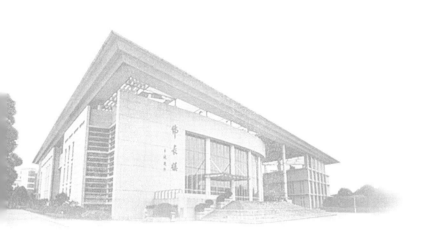

第七章　钱伟长科学精神的不懈坚持与可贵之处

第一节　钱伟长科学精神的不懈坚持

一、50年代的清华之辩——历史给出了答案

20世纪50年代一场关于清华大学的培养目标问题的争论被历史所记录,1957年前后的这场论战也改变了钱伟长后半生的轨迹。

20世纪50年代初,在移植苏联模式的院系调整中,"旧清华"作为"半殖民地的教育传统"的典型,成为被批判改造的重点。清华大学的办学特色和传统中,通才教育、学术自由和教授治校作为学校的"三大支柱",是由校长梅贻琦奠定的。曾拥有理、工、文、法、医五个学院的清华大学,最终被改造为包括机械制造、动力机械、土木工程、水利工程、建筑、电机工程7个系18个专业的"多科性高等工业学校",被纳入培养"专才"的轨道。

1952年,全国高等学校院系调整之后,毛泽东亲自点将,派在全国青年中有极高威信的青年团干部蒋南翔主政清华。清华大学跟全国所有大学一样,像一部机器,经过肢解、重组,被推到一条新的生产线上,它成为一所只有工科专业的大学(学院)。水木清华,满园春色。当年北平爱国学生运动的领袖人物、校友蒋南翔,决心按照苏联模式,把自己的母校,编织成一个"工程师的摇篮"。然而,身为清华大学教务长(1956年任副校

长后仍兼此职)的钱伟长,很快就站到蒋校长的对立面。要是没有1952年的院系调整、1957年的"反右派"运动和1966年以后的"文化大革命",整部中国教育史、整部清华校史和钱伟长的《八十自述》,都不会是今天这个样子[①]。

1957年1月23日,清华大学校刊《新清华》转载了《光明日报》题为《钱伟长谈高等工业学校的培养目标问题》的采访报道,并加了编者按。1956年11月,高等教育部在北京召开了高等工业学校修订教学计划座谈会,会后各校着手修订计划,这篇采访报道就是在这样的背景之下产生的。

蒋南翔的观点十分清楚:清华培养的应是工程师。他说:"现在清华大学必须解决的一个最根本性的问题,我认为就是要在五年左右的时间内,取得大批地培养具有高度技术水平和政治质量的新工程师的实际经验。""清华过去的工科毕业生并不能马上担负工程师的工作,一般只能当技术员或见习技术员。今后我们不能再满足于过去的水平或仅仅比过去稍高一点的水平,而是要把学生的业务、政治水平大大提高一步,提高到清华毕业生都能担任独立解决生产中实际问题的工程师的任务。"这里,蒋南翔就"工程师"的规格明确了两点:不当技术员或稍高一点的技术岗位;能独立解决生产中实际问题。也就是说,清华毕业生来到工作岗位之日,就能胜任工程师的工作[②]。

1952年任清华大学教务长、1956年任清华大学副校长的钱伟长坚持通才教育、教授治校,与蒋南翔在办学方针上发生了尖锐冲突。他反对按照苏联模式培养现成工程师的目标,认为其必然导致课时过多、专业过细、负担过重以及基础不牢、能力不强、就业不易、效率不高的弊端。

钱伟长主张工科学生要有理科基础,大学的专业不能分得过细,科学技术日新月异。应着重于培养学生分析问题和解决问题的能力。在加州

[①] 曾昭奋:《后摇篮曲》《清华园随笔》,清华大学出版社2004年版。
[②] 王铁藩:《关于办学理念的清华旧案》,载《粤海风》2007年第1期。

理工大学与冯·卡门共事的几年让他更深刻地体会到理工合一的教育体制才是高校发展的必由之路。这个与当时清华内外的思潮相悖的理念引发了清华校内三个月的讨论,史学家称之为百日论战。

钱伟长在《高等工业学校的培养目标问题》中指出,"高等工业学校的培养目标问题是教学工作的中心问题。教学改革以前,高等工业学校教学工作是漫无目标的通才教学。在学习苏联经验进行教学改革以后,我们学到了环绕一个明确目标进行有计划的教学工作的一整套的制度和方法。这是很大的进步。我们的培养目标是按照苏联教学计划的规定翻译过来的某某工程师。我们的教学要求也就大体上根据各个教师对于工程师三个字的各自了解来决定。教学质量在某些方面看是提高了,但是学生学习负担过重,独立工作能力较差,专业分得过细过专,以致在分配就业时发生了困难。这都不符合我们国家的要求,值得我们研究改进。"[1]

"把高等工业学校培养目标具体地规定为'某某工程师'的另一后果,必然是过细过专的专业设置。因为工程师的具体工作,由于技术的不断发展,总是愈分愈细的。假如我们追求着一出门就当工程师的目标,则必然在学校内也要求设置又细又专的专业。我们姑且不谈为了追求过细过专的训练而忽视了必要的基础训练所招来的恶劣的后果,就是勉强保证了起码的基础训练,过细过专的专门训练是不是能够和国家的需要对上口径呢?从这几年来分配工作的经验看来,显然是很难对上口径的。""总之,我们应该实事求是地对待培养目标问题,如果我们能够放弃使学生一毕业就当工程师的要求,而把高等工业学校的训练看作是工程师的基础训练,这就给我们为祖国培养更高质量的工业建设人才提供了可能性。"[2]

---

[1] 钱伟长:《高等工业学校的培养目标问题》,载《钱伟长文集(上卷)》,上海大学出版社2013年版,第192页。
[2] 钱伟长:《高等工业学校的培养目标问题》,载《钱伟长文集(上卷)》,上海大学出版社2013年版,第193—194页。

这篇未经钱伟长本人同意便发表的报道,将钱伟长推向了"风口浪尖"。后来结集出版的文集中,钱伟长特别在此文后加了附记:"《光明日报》发表我的关于高等工业学校的培养目标的谈话,引起了各方面的讨论。但是这个谈话稿付印前并未经过本人过目,有些地方如基础即数理化等词句,过分简单化了些,因此也引起了不必要的误会。现在愿就这个问题再作一些说明。"①

按照常理,钱伟长在当时发表这样观点的谈话并不突兀,他的意见也仅限于教学计划的修订,然后1957年1月23日《新清华》卷首的那篇"编者按"却传递了非同寻常的信息,在后人看来有两点甚是触目②:

其一、"这篇谈话……是钱伟长同志作为个人意见提出的;发表之前也未经他本人审阅,所以还不能精确地表达他的见解"。众所周知,当时的钱先生,是身兼全国人大代表、科学院学部委员、国务院规划委员会委员、全国青联常委等28种职衔的公众人物。《光明日报》记者为抢头条新闻,未经本人审阅就予以发表是不违常情的。但是,回到清华园,作为清华大学校刊的《新清华》,竟然也把自己的教务长、副校长涉及"高等工业教育的根本问题"的、而且是"不能精确地表达他的见解"的意见公之于众,并且号召全校教师就此"百家争鸣",岂不太过着急?

其二、"钱伟长同志……提出了一些高等工业教育的根本问题:如对过去教学改革的估计"。详读钱先生的那篇谈话,除了"培养工程师的想法是不现实的"这一结论性意见外,其余文字,尽皆"专业""学时""基础课""专业课""实验课"等等,有的还十分具体甚至琐碎,全然没有对教学改革作抽象的评价;其文字立意,也都是在

---

① 钱伟长:《高等工业学校的培养目标问题》,载《钱伟长文集(上卷)》,上海大学出版社2013年版,第194页。
② 王铁藩:《关于办学理念的清华旧案》,载《粤海风》2007年第1期。

这些技术层面上,根本无法解读出"教学改革的估计"这类更高层面上的含义。经历了1955年的那场震颤人心的反胡风运动,人们对报刊的"编者按"都异乎寻常地在意。《新清华》作为校刊,其"编者按"不仅引人注目,其效应,用轰动乃至爆炸来形容都不过分。特别是当期配发的文章——《机械制造系教研组主任座谈的意见》(载《新清华》1957年1月23日3版),更令人望而生畏。

这篇文章的篇幅一倍于对钱先生的访谈,文中几乎将随后许多年里司空见惯的大批判手法尽皆用上。

上纲上线:"按国家的需要有计划地培养出大量能迅速担负起实际工作的工程师,正是苏联教育制度区别于资本主义国家教育制度的最根本的一点";"我们坚决地学习苏联先进经验,进行教学改革,这是正确的道路,而且是唯一正确的道路。"注意,谁对培养工程师的目标说三道四,则是反对学习苏联和回归资本主义!

深文周纳:"我们过去学习苏联进行教学改革的成绩是很大的,也有缺点;缺点要克服,但不能因此整个否定教学改革,不学专业课,也不做结业工作。"从对各类课程设置的歧义,居然引申出否定教学改革的结论,这种引申下的"各抒己见"(编者按语),其结局显然是不言而喻的了。

轻蔑无视:"钱伟长副校长说:'专业课中包含着很多经验性的东西,不可能举一反三'……大家不以为然。""不以为然"的词义没有错,但大家心知肚明,这样的词汇对尊者、敬者、爱者是绝然不会使用的。

肆意篡改:"钱伟长副校长认为今天的毕业生一般质量很差。"而钱先生访谈的记载却是:"据一些产业部门反映:高等学校毕业生的工作主动性一般很差。""主动性"与"质量"的释义,显然是颇有差距的,这样的谬误只能说是擅改甚或篡改了,其目的不外乎增加这场"争鸣"的剧烈气氛,且有挑动群众斗领导之嫌。

1949年后，中国全盘采用苏联教育制度。旧大学或解散、或解体、或合并。清华大学、交通大学等变成纯工科学校。北京大学、复旦大学等综合大学仅剩文、理二科。其余钢铁、石油、地质、航空、化工等校，专业面更为狭窄。学生进校后就被分派至某一个专业，按照指定课程学习，毫无选择余地。源于1952年高校的院系大调整对中国高等教育的影响是深远的，基于经济主义视角、实现工业化的热望，"通才教育"为专业教育所替代；学问被急用现学所替代；科学家被专家所替代……中国的高等教育传统也由此开始断裂。

钱伟长说，高等工业学校的培养目标是工程师的这种想法是不现实的。一个工程师必须具有广泛的生产知识、丰富的工作经验和一定的组织能力。在现场工作的时候，他必须能当机立断地处理一定范围内的大小问题，提出个人的独特看法。一个大学毕业生，非经过多年的工作锻炼和长期的知识积累，是不可能成长为一个工程师的。为了达到培养高水平工程师的目标，只能穷尽可能地将专业划分得细而又细，进而在专业的基础上，再划分专门化；只能是最大限度地将专业课程设置得完备再完备；只能是包罗万象地将工程师工作所急需的招数、技能传授得无一遗漏。如此这般的后果，使学生不堪重负，教师不堪负荷，基础课被挤占，学生知识面狭窄，知识基础单薄。

钱伟长认为：要提高高等学校的教学质量，减轻学生学习的过重负担，必须首先明确高等学校的培养目标。然后一切教学工作都围绕这方面来进行，坚持贯彻"学少一点，学好一点"的原则，把学习时数大大削减，加强基础课的教学，削减和合并专业课，取消专门化设置，取消一些可有可无的教学环节，从各方面来为培养和锻炼学生独立工作能力来创造条件。

关于专门化课程的问题，钱伟长说，中国学校的专门化设置是采用苏联的，可是苏联的工业水平要比中国大二十倍，运用人才的灵活性也比中国大二十倍，即使这样，苏联的专门化设置也不断地在改变。按中国目前的工业水平来看，分工还不可能过细，对于人才的需求还不可能算得十分精确，因此，专业不宜分得过专、过细，以免产生"学用不一致"的倾向。

1957年5月17日《人民日报》发表《钱伟长语重心长谈矛盾》一文，文中指出："我反对大学毕业生就是工程师的提法，大学学习不过是打下个基础，真正的学习是从生产实际中开始的。有些专业知识可以通过生产实践获得的就该精简，以充实基本训练。我的看法也不可能百分之一百是对的，但也可以展开讨论或实验。十多年前，原子能同位素——铀的分离方法共有七种之多，谁也不服谁，结果各走各的道路，大家都获得成功了。所以自然科学不争鸣，是不会发展的。在苏联一个高等学校也有两个名词相同的专业，由两派学者用各自认为最有效的不同方法来培养。所以，我们也不必强求机械统一，在专业设置上，甚至各个学校的管理上都可以采取多种方式尝试，也可能都行得通，也可能有的成功，有的失败，这样就可以去芜存精、吸取经验了。"

1957年6月6日，著名的"六教授会议"（有曾昭抡、费孝通、黄药眠、陶大镛、钱伟长、吴景超六位教授参加）之后，《光明日报》于6月9日未经作者同意，刊登了钱伟长参与起草的《对于有关科学体制问题的几点意见》，这时候，"反右派"运动已在清华园和全国范围内迅猛展开，六教授无一幸免，后来都成为全国有名的"大右派"，清华园中的许多知名教授，纷纷起来批判和声讨钱伟长，说钱伟长等搞"在长时间内（进行了）有组织、有计划、有纲领、有路线的活动！""钱伟长恶毒地攻击党所制定的科学体制，目的在破坏社会主义科学事业！"他们认为，钱伟长的理工合校，是"想把新中国的高等教育拖回到资本主义的通才教育老路上去"，钱伟长"不要苏联，要英美德日！"钱伟长"破坏社会主义科学事业"，是"资产阶级右派分子向文教界进攻"、"向高等学校和科学界进攻的急先锋"，其目的是"夺取科学和文教的领导权"、"挑拨知识分子不接受社会主义改造"，有的教授干脆说钱伟长"无赖到了极点"；当时，只有极个别的学生，在看了批判钱伟长等的大字报后,写了大字报,认为他们"侮辱了科学家"[①]。

因为长期活跃于教学、科研和社会活动第一线,钱伟长对中国高等教育和科学事业中的诸多问题有着切身的体会和深刻的认识,形成了独特的教育理念。他主张教学必须与科研相结合,反对当时盲目学习苏联以培养工程师为高等工科教育的目标,他认为,如果专业分得过细,学生将难以适应社会的需要,也不利于他们的发展。这些现在已经被广为接受并付诸实践的看法,在当时却属于离经叛道。

1957年是钱伟长从天堂跌落到地狱的一年。年初,钱伟长和他的学生胡海昌、叶开沅"关于弹性圆薄板大挠度问题"获得首届国家自然科学奖二等奖,胡海昌还独立获得了三等奖。他们师生获奖,在全国科学教育界传为佳话。在"反右派"运动中,钱伟长成为清华大学最著名的"大右派",被撤销一切职务,停止一切工作,教授职务从一级降为三级,其罪名是"反对学习苏联,反对院系调整"。当年的批判文章称:"1949年和1952年期间,他曾经以种种手法抗拒院系调整,使清华大学的院系调整工作推迟;1952年到1956年间,他表面上拥护教学改革,但背后却散布不满意的言论"。文章进一步指出,1956年后,他以"反教条主义"为口实,公开反对学习苏联,"否定我们教学改革的成绩,企图拔掉我们的社会主义教育旗帜"。

划为"右派"之后,钱伟长被强制劳动改造,先做实验室助理,扫地劳动,后下放至农村、工厂,其子女被禁止上大学。值得认识和关注的是1979年夏天,在中共中央宣布对包括钱伟长在内被错划为右派分子的55名党外人士一律予以改正之后,清华大学却拒不落实这一政策,居然拖延、阻挠达三年之久,直到1983年1月,才给予钱伟长一纸"改正书"!

钱伟长的同乡华新民撰文回忆当时的情景:"钱穆家是清寒的读书人家,兄弟中没有一个上过大学——钱伟长在'文革'中是'六厂二校经

---

① 曾昭奋:《后摇篮曲》,《清华园随笔》,清华大学出版社2004年版。

验'里的人物,清华各派组织几次三番派专案组到我家乡那个小镇去调查他的身世,把镇上仅有的几家小客店住得满满的。结果发现,他家房无一间,地无一分,是贫民成分。"①

当我们纪念缅怀一代学术大师时,正视五十多年前发生在清华园里的这场交锋,不是口号之争,不是文字游戏,而是关系着如何培养人才和培养什么样的人才的重要问题。钱伟长与蒋南翔的论战真理在何方? 历史已经给出了答案。

二、钱伟长的坚持与改变

至真至性、快人快语的风格是钱伟长一辈子的真实写照。大概是他在科学上取得的成功和快乐,都是从敢想敢做开始的,所以他不但在科学问题上,而且在社会问题上也常常标新立异,敢于发表自己独特的见解,这也使他遭受了20多年的误解和不公正批判。

袁永熙之子在回忆其被打成"右派"的清华大学党委第一书记的父亲时这样记录②:"爸爸自己说他年轻时也是锋芒毕露,以后当上了'右派'才不得不收敛。他一再告诫我,要懂得在战斗中侧身而立(鲁迅),能不说的话就不说,更不要得理不饶人,因为一张狂就失分寸,就得罪人。他对我的倔强、直率、雄辩和玩世不恭几乎失去了信心,甚至恨恨地说:'你会像风一样,将来下场很惨。'"也许,只有经历了那个年代的风暴的人们才能如此这般的体会。

在《八十自述》中,钱伟长对于自己在"反右派"运动中和运动后的遭遇,只有很简短的几句话带过:"我在1957年1月31日的《人民日报》上发表了《高等工业学校的培养目标问题》一文。6月9日,《光明日报》未经同意而以钱伟长和曾昭抡等6人的名义,刊登了民盟中央向党中央汇报

---

① 华新民:《聊聊钱穆》,载《华夏文摘》第289期。
② 陈必大:《欲辨真义已忘言——纪念我的父亲袁永熙》,http://wuliucun.ycool.com/post.3076886.html,2011年10月1日。

的'对于有关科学体制问题的几点意见',造成了使人误解的舆论,接着就是1957年6月的'反右'运动,没有想到这种教育思想论争,竟以政治结论而告终,我被错划为'右派',撤销一切职务,停止一切工作,虽保留教授,从一级降为三级。我的儿子竟也受到牵连,高考成绩优异而'不予录取',被分配到工厂当搬运壮工。""'反右'以后,由于众所周知的原因,环境十分困难,开展业务工作更加不易,几乎没有发表过任何论文,也没有出版过什么专著。"但其实这段经历带给他的又何止这寥寥数语?

在"反右"运动期间,钱伟长这个思想活跃、社会活动活跃的科学家,很快成了清华大学的"大右派",而且他的学生和不少相关的人也受了牵连。郑哲敏回忆了一个当年的故事,由于这件事,曾迎接钱学森回国的朱兆祥也无辜受到牵连。刚被划为"右派"的时候,钱伟长不甘心屈服,常常"硬顶"。郑哲敏等几个学生听说后,想去劝他态度和缓一些。于是,以党的老地下工作者朱兆祥为首,包括郑哲敏在内的力学所一行四人,前往清华大学看望。没想到这件事被上报,说"居然派党员安慰'大右派'",朱兆祥率先受到处罚。按郑哲敏等人原先的计划,看望了钱伟长,还要去看望钱学森,"他虽然不是'右派',但压力也很大"。这样一来,后续计划只得作罢。钱伟长的副所长头衔自然也被免除了。"我们这些曾被赞誉为'亲密师生关系'的学生们,也不敢再登他的家门。"郑哲敏回忆说①。

郑哲敏说,那个年代的师生关系、朋友关系甚至普通的人与人之间的关系,都不能以常理来看待、评价,很少有人能经得起这样的考验。"文革"开始后,"钱先生吃了更多苦",先是"资产阶级反动学术权威",后来是"改造好了的资产阶级反动学术权威"。郑哲敏说,这也不轻松,钱伟长被拉出来到处作报告说"我是如何被改造好的"。说到这里,年过八旬的郑哲敏眼圈红了:"那些年,钱先生就像个烙饼一样被翻来翻去,真是对人性

---

① 洪蔚:《苍茫远去的光荣与坎坷》,《科学时报》2010年8月4日。

的摧残!""文革"后,钱学森代表力学所和力学学会,亲自登门向钱伟长正式道歉①。

科学家钱伟长一旦成了"右派",他的科学论著立即遭到有组织的声势浩大的清算和批判。清华园内外的一些学者教授被动员起来,要扒掉他的"超级自大的万能科学家"'的外衣。有人说他的著作是抄袭的,有人说他的科学研究成果是窃取来的,有人说他的学说是虚伪的,不一而足。而后来,清华大学一位"左派"教授的力学论文错误百出被他指出之后,却公然声称:"右派教授无权审查左派教授的文章!"(发生这一事件时,钱伟长的"右冠"已摘)真是左右分明、而科学则变得昏暗了②。

从"反右"期间到"文革"期间,根据钱伟长在《八十自述》中的追忆,被停止一切工作的他并没有真的停止一切工作。2001年钱伟长在《收获》杂志发表了《"地下"的科学工作》一文回忆自己的艰难岁月:从1958年至1966年,被困在清华园里的"资产阶级反动权威"科学家钱伟长,为求贤若渴的人们回答咨询,寻找资料,推荐人才,进行工程设计运算,提供设计方案,解决技术难题,翻译最新的外文文件等等。这样的事例,不下一百多项(次)。

在钱伟长最落魄的日子里,他的夫人孔祥瑛不离不弃,劝慰有加。1958年,他们学业优秀的儿子钱元凯因受钱伟长的牵连而与高等学府失之交臂,钱伟长悲愤交加。孔祥瑛说:"不要紧,相信你儿子的能力,不上大学照样会成材!"(钱元凯后来成为国内摄影界的名家)。1966年"文革"风云初起,在清华大学附中任教的孔祥瑛受到猛烈冲击。她被剃成"阴阳头",游街示众。面对这样的人身侮辱,自身难保的钱伟长却说,"别跟年青学生计较,他们受人愚弄了,而横行霸道的人没有好下场!"到了后来,作为"反动学术权威"的钱伟长受到了更大冲击,终日受到批斗漫骂、

---

① 洪蔚:《苍茫远去的光荣与坎坷》,载《科学时报》2010年8月4日。
② 曾昭奋:《后摇篮曲》,《清华园随笔》,清华大学出版社2004年版。

进行劳动改造,钱伟长一家五口还被勒令挤进两个房间,为了给大批书籍留下安身之地,他们被迫变卖了一些家具。过了不久,"造反派"打起了"内战",钱伟长一家所居住的照澜院16号靠近清华二校门,那里成了"造反派"的"武斗战场",不时传来枪弹的呼啸声,原住户纷纷避开,但造反派不许钱伟长一家搬离,要他听候"批斗"。然而,钱伟长做学问的积习未改,夜里用棉被挡住窗户,两耳不闻窗外事继续笔耕不辍地研究和计算。

钱伟长曾对伴随他20多年的妻子孔祥瑛说过这样的话:"我绝不在挫折面前退却,扪心自问,如果说我从海外归国十多年有什么对不起祖国和人民的地方,那就是我的科研工作做得还不够。为了不至于终生悔恨,我必须努力追回已经失去的部分时间,更加奋发工作。我的研究成果即使暂不发表,但总有一天会为人民所用。"① 这是多么令人钦佩的爱国热忱!

"四人帮"垮台后,春回大地,钱伟长好像从噩梦中醒来,获得了第二次解放。他在他的《应用数学和力学论文集》序言中写道:"'四害'已除,重新获得了工作的权利。欣逢1978年党中央召开全国科学大会,春风拂人,奋起之情油然而生。虽已年近七旬,还能为'四化'效力,感到无限幸福。我力图夺回久已逝去的良好岁月,夜以继日的工作着。"② 在人生最艰难的时刻,钱伟长靠着亲人的相互关怀、相濡以沫,一直坚信这些现象都是暂时的,他坚持的自己的科学理想和科学精神,更坚信一个国家不可能这样长期混乱下去,总有一天要重回正轨。

钱伟长的《没有一个独立富强的国家就没有个人的一切》③一文是根据钱伟长在1990年在上海工业大学研究生奖学金授奖大会上讲话录音整理而成,听众为100多位在读研究生。这段不长的讲话,却有许多值得品味之处。讲话一开始,钱伟长就代他们这几代人"作检讨":"由于我们的

---

① 方明伦:《钱伟长教授九十华诞纪念文集》,上海大学出版社2003年版,第198页。
② 钱伟长:《〈应用数学和力学论文集〉序》,载《钱伟长文集(上卷)》,上海大学出版社2013年版,第296页。
③ 钱伟长:《没有一个独立富强的国家就没有个人的一切》,载《钱伟长文集(下卷),上海大学出版社2013年,第847页。

第七章 钱伟长科学精神的不懈坚持与可贵之处

工作没有做好,使我们国家的老百姓现在还没有过上应该过的好日子,使我们民族五千年的光辉受到一定的影响。我们这几代人虽然没有把国家搞成本来应该有的那么兴旺,但国家确实是有很大进步的。不过开'门'一看,我们仍然是很落后的,我们应该努力解决这个问题。解决的办法不是逃避,不是躲开,而是要勇敢地担当起责任来。"

为了激励大家迎着困难,努力学习和工作,他还讲了上海灯泡厂黄菊珍(1989年上海市先进工作者)和受过错误打击的原清华大学水利系学生党治国("黄万里案"受株连者)的故事,说明经过百折不回的努力,必定能为国家做出贡献。他说:"我举上面两个例子无非是告诉大家,今后的工作不可能像大家现在设想的那样一帆风顺。但有一条应该牢记:要立足于自己的工作单位,做好本职工作,把它搞好,其他一切不应计较。我提出上述要求鼓励大家,也是以此要求我自己。""我们承认现在社会上还有很多不公平的事情,我们不能光抱怨,因为我们都是社会中的一分子,这个社会有问题,我们自己同样有责任。所以要求大家共同努力,对自己的问题考虑得少一点,把民族国家的前途问题多考虑些。这样,当你们到年老的时候,就不会像我们现在挨下辈人的骂:'你们这些老头子怎么搞的,怎么把国家搞成这个样子!'到那时你们就可以给自己下这样的结论:'我是对得起自己的民族和国家的。'"[①]这是钱伟长的肺腑之言,从中可见他的真情至性。此时的钱伟长经历了20多年的苦难岁月,却始终没失去对自己对科学事业的坚持和奉献国家民族发展的决心。

钱伟长的一生,无愧于国家和民族,无愧于人民,却有愧于家庭和亲人。他面对自己所遭受的不公正批判没有改变自己的人生目标,也从未泯灭自己的科学精神,反而一直以身示范,劝诫年轻人正视社会的不公,别为自己耿耿于怀或忿忿不平,而是应该从国家和民族的大局出发,自己

---

① 钱伟长:《没有一个独立富强的国家就没有个人的一切》,载《钱伟长文集》(下卷),上海大学出版社2013年,第848—849页。

多多做贡献,只有这样,到自己的垂暮之年,就可以坦然地说"我是对得起自己的民族和国家的"。

所以说,钱伟长一生不变是对科学精神的坚持,是对为国家和民族贡献一切的坚持,唯一改变的是努力让自己在任何困难下更好地为人民和社会贡献力量,致力发展科教事业。

第二节　钱伟长科学精神的可贵之处

一、身处逆境不忘报国

1978年9月，中共中央向全党发出"55号文件"，即以中共中央组织部、宣传部、统战部和公安部、民政部的名义起草的《贯彻中央关于全部摘除右派分子帽子决定的实施方案》，新华社和《人民日报》都刊发了相关信息。钱伟长却是清华大学中最后一个"平反"的。1980年6月11日由中央统战部《关于爱国人士中右派复查问题的请示报告》中为钱伟长直接予以改正的。

钱伟长的"右派问题"在清华大学迟迟未能得到改正，却是由于"上面传话过来，说钱伟长不能改，他有野心，想在清华大学搞一套自己的治校方略。"①

1981年6月，党的第十一届六中全会通过的《中国共产党中央委员会关于建国以来党的若干历史问题的决议》做出结论：1957年的"反右"斗争是完全正确和必要的但是被严重扩大化了，把一些知识分子、爱国人士

---

① 赵诚：《长河孤旅——黄万里九十年人生沧桑》，长江文艺出版社2007年版，第189页。

和党内干部错划为"右派分子",造成了不幸的后果。

党的十一届三中全会的召开,实现了新中国成立以来党的历史性的伟大转折,党中央向全党、全国发出了"改革开放"和"实现四个现代化"的号召。钱伟长以空前高涨的热情拥护改革开放,投身"四个现代化"建设。2007年,时任中共上海市委书记的习近平同志到学校看望钱伟长,说起当年他还是河北省的一个县委书记时,就曾听过钱伟长的报告,给他留下非常深刻的印象。他亲切地对钱伟长说:"您老也是我国要实现四个现代化的创导者。"

钱伟长想到上海来办学校是经过深思熟虑的。1999年,钱伟长在为《费孝通文集》写的序言中就披露了他当初的真实想法:"我找费孝通商量怎么办,他说上海必将发展成为我国重要的区域经济中心,需要好好地办所大学,他赞同我的教育理念和办学思想,支持我到上海实现我的办学理想。"时任上海工业大学党委书记张华非常诚恳地对钱伟长说:"我们请您来当校长,让您来施展你的办学才能。过去由于错误的政策,您一直受打击,现在我们请您来施展你的才华。"这番话连同这几年上海工业大学的热诚相待,对钱伟长是有触动的。他曾经对周围的助手说,在他的"右派"问题还没有得到彻底平反还很困难的时候,上海工业大学就很器重他并大力支持他的工作,对此他是心存感激的。夏征农同志听说钱伟长到了上海以后,也专程到他下榻的衡山饭店去看望他。在见面中,夏明确告诉钱,上海市委希望他到上海工业大学做校长[①]。

自从钱伟长到上海工作以后,党和国家领导人对他的新贡献给予很高的评价与尊重。李岚清副总理于1993年视察了上海工业大学,1999年又视察了上海大学,他在两次视察中都高度赞扬钱伟长校长为学校发展所做的贡献。2002年,中共中央统战部部长刘延东专程来校祝贺钱伟长90华诞,称他为"中国共产党的老朋友、好朋友",是"科学家、教育家、社

---

① 曾文彪:《钱伟长与上海大学》,上海大学出版社2010年版,第65—66页。

会活动家'三位一体'"。从朱镕基到习近平、再到俞正声,到任上海以后,他们总是会尽早到学校来看望钱伟长,黄菊、陈至立、徐匡迪等领导来的次数更多一些。这些领导到学校来,总是叮嘱学校党政领导班子一定要尊重钱校长,尊重他的办学思想。

我们可以思考一个问题,六十年前的争论中,钱伟长提出的、今天很多人都认为是正确的一些观点,当初为什么不能为人所接受呢?答案就在钱伟长成长的过程中。在中小学时代,他就受到他的叔父、国学大师钱穆,还有语言学大师吕叔湘、音乐大师杨荫浏等人的教诲。清华大学的时候,有叶企孙、顾颉刚、吴有训、马约翰;到了加拿大多伦多大学,有辛格和英菲尔德,还有爱因斯坦;到了美国加利福尼亚理工学院,在冯·卡门身边工作,这些学者都是当时在各自领域里最杰出的大师。在中外最优秀的文化共同熏陶下,在钱校长的身上形成了一种特殊的素质,你既可以看到中国文人所特有的"先天下之忧而忧,后天下之乐而乐"的情怀,又可以看到那种"三军可以夺帅,匹夫不可夺志"的人格,同时,你又可以看到西方文化所提倡的锐意进取,开拓创新的特点。问题的答案就是:在这样的成长过程中形成的思想,只有在改革开放的今天,中外文化交流的时代才能够被充分理解。

二、深切体会钱伟长一生奋斗的可贵

我们要学习、实践钱伟长教育思想和科学精神,要从历史和时代的大局去理解和体会这个思想和精神的形成过程,才能继续地开拓、创新,才能深刻体会钱伟长一生奋斗的可贵。

2011年1月24日,钱伟长荣获2010中国教育年度新闻人物特别奖。2011年2月14日,他荣获感动中国2010年度十大人物。马克思曾经说过:"历史往往把那些为了崇高的目标而活着,因而使自己变得高尚的人看作是伟大的人。"

钱元凯在父亲钱伟长图书捐赠仪式上说道:

在我父亲去世的短短几天里面，我在上海大学里深深体会到全校师生员工对他的理解和对他的爱。多少人像志愿者一样，陪伴着他，陪伴他走完他人生的最后一段路。在我读到学生们深情写的悼词时，我深深地体会到老校长和他相差两辈的学生间没有代沟，中间充满的是亲情和爱。一位百岁老人在辞世的时候，在他身边有这么多贴心的亲人，我们感到欣慰。我在这儿代表我们全家谢谢上海大学的老师和同学们。我父亲在他治学的生涯里，一再强调读书和实践。他出身清贫，是读书使他获得了知识，知识改变了他的人生，成为他报效祖国的信念和勇气。他一再强调是书给了所有人公平的受到教育和获取知识的权利。只有读书才让我们终生倾听大师们的教导，才能站在巨人的肩膀上拼搏。实践能检验书中知识的真伪，也只有通过实践，才能把知识真正变成力量。所以他一生爱书、读书、收藏书。他能留给我们最宝贵的精神财富，就是他用毕生的精力和积蓄所收藏的这万卷图书。他70岁才来到上大，从此，这位年过半百的老人，就把自己全部的心血投入到上大的建设之中。他期盼在这里，实现他振兴教育的理想和希望。这26年里，他把上大的师生当作自己的亲人，当作自己的儿女，他的家就是在上大。所以，在他去世以后，我们尊重他的遗愿，把他的全部图书、书架和他的部分个人资料捐赠给上海大学，让我们与上海大学的全体员工共享这份遗产。书，只有阅读，才有生命力。我们把这些书送给上大的师生，就是期望把他对上大人的这种关爱和惦记永远地留在上大。我们希望上海大学师生在阅读这些书的时候，让他的在天之灵能够感受到上大人对他的怀念和眷恋。捐赠书是他这辈子为上大做的最后一件事情，最后一件实事。我们知道对于几万上大人来说，区区万本书是微不足道的礼物。但是，我们总希望上大能接受它，珍重它。

这些话语道不尽钱伟长与上大的绵绵深情，也说不完钱伟长给上大

第七章 钱伟长科学精神的不懈坚持与可贵之处

和后人留下的精神财富。

戴世强在钱伟长辞世后不久写的一篇博文最能引人共鸣：

> 联想到经中央领导审定的《钱伟长同志生平》，上面写着："钱伟长同志的一生是爱国的一生，奋斗的一生，奉献的一生。他顾全大局，坚持原则，严于律己，宽以待人，生活简朴，清正廉洁。他对国家和人民无限忠诚，对中国特色社会主义事业充满信心。他为中华民族的伟大复兴殚精竭虑、不懈奋斗，深受人们的尊敬和爱戴。他的高尚品格和无私奉献的精神永远值得我们学习。"
>
> 实至名归！
>
> 对于逝者身上覆盖的党旗国旗，我已见过多次；对于逝者生平介绍的赞美之词，我已司空见惯；但是，从来没有像这回那样关注过、动心过。
>
> 是的，他的一生是爱国的一生。他自己这样认为，别人更是认同，对于祖国，他一往情深，爱国敬业，矢志不渝。
>
> 是的，他的一生是奋斗的一生。他从不屈服于命运，敢于抗争，勇于实践，从不懈怠，从不停息。
>
> 是的，他的一生是奉献的一生。他倾全力投入科研教育事业，祖国的需要，就是他的专业，鞠躬尽瘁，死而后已！
>
> 是的，他一生顾全大局，坚持原则。一切从祖国的迅速发展繁荣昌盛出发，坚持真理，坚持正义，求真务实，胸怀坦荡，敢于直言不讳，不怕"大人物"非议打击，不怕宵小之徒造谣中伤。
>
> 是的，他一生严以律己，宽以待人。他身体力行，终生学习，终生服务，心里装的是对周围的人们的关爱，从未见到他对后辈疾言厉色。
>
> 是的，他一生生活简朴，清正廉洁。他是一位平民化的长者，从不追求奢华；他身后几无遗产，就是留下的那些藏书，也叮嘱子女悉

数捐赠,真正做到了赤条条来,赤条条去!

当然,金无足赤,人无完人,他不可能完美无缺。然而,只要对他不抱偏见,就会承认上述主流方面。

这就说明了:他的辞世为什么引起这么大的震动,为什么这些天来有这么多人痛悼这位老人。

我感悟到:

现实可能过誉甚至错捧了一个不肖之徒,但是历史不会。

现实可能曲解甚至冤屈了一位正直之士,但是历史不会。

老校长身上盖着国旗远行了,给后人留下的是:生的启迪,活的激励。

附录　钱伟长对我国力学事业的贡献

武际可

钱伟长先生逝世了,人们说他是教育家、应用数学与力学家和社会活动家。为了纪念这位我国力学界的领军人物。这里大略谈一谈他在我国力学事业上的贡献。

力学对一个国家的现代化所起的作用,我想对力学界的朋友来说是不言而喻的。但我国历史上从来没有独立的力学研究和教学。早先的力学研究和教学都是大学工科、数学、物理系科的教员在教学之余开展的研究工作。国内最早从事力学研究的著名学者只有两名,一名是当年清华大学的物理系教授周培源,还有一位就是周培源曾经教过的学生钱伟长。所以他们两位和后来归国的钱学森、郭永怀一起被称为我国近代力学的奠基人。

关于钱伟长对我国力学事业的贡献,我认为只要提到以下几件事就足以表明他的学术地位的重要性了。

第一,我国第一个专门从事力学研究的单位,是钱伟长先生创建的。1951年,中国科学院成立数学研究所,在数学研究所内建立了一个力学研究室,钱伟长是第一任室主任。这个研究室不久接受了一批像胡海昌、林鸿荪、郑哲敏、庄逢甘等这样有为的年轻人,在钱伟长教授的领导下,学术活跃,创造力强。短短几年内出版了研究论文集《弹性圆薄板大挠度问题》(1954年)、《弹性柱体扭转理论》(1956年),并且发表了许多重要

论文,如胡海昌的论文《论弹性体力学与受范性体力学的一般变分原理》(1954年,《物理学报》)就是钱伟长先生推荐发表的。后来被称为广义变分原理,世界各国的固体力学论著中称之为"胡—鹫津原理"。1956年1月中国科学院力学所成立,就是在数学研究所力学研究室的基础上建立的,当时由新归国的钱学森任所长、钱伟长任副所长。

第二,钱伟长先生参与筹建北京大学力学专业。我国从来没有专门培养力学人才的系科。1952年,国务院对全国高等学校进行了一次大调整。这次调整的主导思想是按照苏联的教育模式来重塑中国的高等学校体制。在苏联的教育模式中,力学专业总是放在综合性大学数学力学系内的一个专业。于是决定在北京大学设置数学力学系,这个系是由原来的北京大学、清华大学与燕京大学三校的数学系合并的,下设数学与力学两个专业。力学专业从1952年招收第一届学生,它是中国的第一个力学专业。筹办力学专业的教师以周培源教授为首连同吴林襄、钱敏三个教员,还有钱伟长先生的研究生叶开沅、周培源先生的研究生陈耀松,一共只有五个人。但靠这五个人来开出力学专业的全部课程是不可能的,所以北京大学力学专业的筹办实际上多亏许多其他单位的支援,它的开办成功也可以说是整个中国力学界的贡献。钱伟长派出他的得意研究生叶开沅参加筹建北京大学力学专业,实际上是对这个专业的最大支持。因为在前无力学专门人才培养系科的条件下,能够有一个人参加进来都是十分值得珍惜和宝贵的。

第三,钱伟长先生参与创办清华大学力学培训班。我国第一个五年计划开始后,各方面的建设急需力学人才。为了适应这种需要,清华大学于1957年成立了力学培训班,简称"力学班",招收大学工科毕业生学习两年力学然后分配去急需力学专业人才的单位。这个班第一任班主任就是钱伟长先生。后来由于钱伟长先生被错划为右派,被免去了班主任,改由郭永怀教授担任班主任,并且聘请校外教师和调动清华大学各系的力量给予支持。力学班先后招收了三届共约290名学生,在各高等学校新成立的力学系科还没有毕业生之前，培养了一批急需的力学专业人才。

"文革"后，有一个阶段，由于钱学森先生到航天部和国防科委主持工作，力学所的工作无暇顾及。当时力学所想请钱伟长先生主持工作，不过中国科学院希望在钱伟长调任科学院之前，按照当时平反的政策，应当先恢复他以前清华大学副校长的职务。但是由于一些人的阻挠，没有回复他的副校长的职务，所以调动没有成功。后来钱伟长想法调出清华大学，几经周折，才被上海市接纳。于是就在上海为力学事业建立了新的功勋。

第四，创建上海应用数学与力学研究所。与此同时开创了全国现代数学与力学系列学术会议（简称MMM会议），开创了理性力学的研究方向和非线性力学的学术方向。这些事比较近，年轻人都知道，所以就不必细说了。

现在在力学界的许多第一线的学者，有相当多数是从北京大学力学专业和清华大学力学班毕业的。而钱伟长恰好参与了前者的创办，而直接就是后者的创办人。在我国众多的力学研究单位之中，中国科学院力学所是举足轻重的一所综合性研究所，而钱伟长是它的最早创办者。有这几件事，我们应当体味得出钱伟长先生在我国力学事业的发展上的重要地位。

在科学研究成果本身，因为钱伟长先生涉猎范围很广，在许多方面我没有发言权。但我了解钱伟长先生在力学中最著名的贡献，就是他在1941年与他的导师Synge合作发表的论文《弹性板壳的内禀方程》。因为后来我所从事教学与研究的领域恰好就是弹性薄壳的理论与应用，所以对钱伟长先生的别的著作并不熟悉，但是先生的这篇著作却是我当年入门的引导，我曾经认真拜读过。1941年那个时候，从国际上看，板壳理论正是从个别问题的探讨走向普遍统一的理论推求的阶段。钱伟长先生的这篇论文领潮流于这一研究方向，它不仅概括了以往线性问题的研究，还为后来薄壳的非线性理论奠定了基础，进而通过对复杂的方程式的各项

之间数量级的比较,把问题化归于若干简化类型,所以这篇文章在薄壳领域内有在全世界范围内承前启后的作用。

(原载《力学与实践》2010年第4期)

此文作为本书的附录,已获得武际可先生同意。武际可,力学家,北京大学教授。曾任中国力学学会副理事长(1994—1998),《力学与实践》主编(1987—1991),中国力学学会计算力学专业委员会副主任委员(1990—1994),中国电机学会冷却塔专业委员会副主任委员。2002年,武际可教授退休后又从事力学科普和力学史方面的著述,出任过中国力学学会第一届力学史与方法论专业委员会的主任委员和《大众力学丛书》的主编。

后 记

钱伟长教授是我国近代力学事业奠基人之一,著名的科学家、教育家和杰出的社会活动家。

本书是对钱伟长的学术思想、科学精神及其影响作系统研究的一次探索,由于本人才疏学浅,在力学史和方法论研究领域更是初出茅庐,写作中的疏漏和不妥之处在所难免,还请广大读者见谅。

让笔者感到欣喜和感动的是,本书的写作得到了许多专家、学者的指导和支持,他们有的曾与钱伟长一起工作和从事科学研究,有的师承钱伟长,或者得益于钱伟长在学术研究领域的诸多贡献,这些专家、学者的无私奉献,也让笔者全面领略了钱伟长求真务实的高贵品质及先进的教育理念和精进的学术思想,深切体会钱伟长服务祖国无私奉献的科学精神对后人的广泛与深远的影响,在此谨向这些专家、学者致以深深的谢意。

陈 然
2023 年 8 月